新版

銀行業界大研究

伊藤 歩［著］

はじめに

ほんの数年前までは、就職人気ランキングで常に上位を占めていた銀行が、上位から陥落しています。人気の理由はなんといってもその給与水準の高さでした。

今もその状況に変化はありません。にもかかわらず、人気が急落しているのは、全国紙、中でも日本経済新聞が毎日のように、監督官庁である金融庁が、地方銀行にかけている再編圧力に関する記事を掲載しているためでしょう。

1980年代後半から1990年頃までのほんの2~3年でしたが、日本は空前のバブル景気に湧き、無節操な不動産担保融資が横行。平成の鬼平の異名をとった、日本銀行の三重野康総裁（当時）が、金利を引き上げてバブル潰しに打ってでたことを機にバブルは崩壊、銀行や証券、保険、ノンバンクから、一般事業会社に至るまで、天文学的な数字の不良債権、不良資産を抱えました。

あまりにも急激な施策だったため、日本は十数年にわたって不況から脱することができなくなりました。後年、三重野総裁への評価が割れることとなったのはいうまでもありません。

90年代末期の金融危機は、旧大蔵省の「箸の上げ下げまで指導する」といわれた、護送船団行政が限界に達し、金融機関が抱えた巨額の不良債権を隠しきれなくなった結果起きたものです。

旧大蔵省は間違いなく、銀行のフトコロ事情を逐一把握していたにもかかわらず、日本経済に与える影響を恐れるあまり、表沙汰にする決断ができないまま何年も抱え込み、問題を巨大化させるという罪を犯しました。

今、金融庁が地銀にプレッシャーをかけているのは、そのときの反省ゆえです。２００６年頃までに銀行の不良債権の処理は一段落していましたが、長引く不況で銀行は体力の回復に時間を要しました。

２０１２年頃からようやく景気が上向き、十分に体力を回復できた今のうちに、5年先、10年先も生き残れる将来像を描きなさい、描けないのなら描けるようにしなさい。これが金融庁のいっていることなのです。

銀行の人気が急落したのは、せっかく就職した銀行が、再編対象になってリストラされてはたまらないと考えたり、銀行はもはやオールドビジネスで衰退産業だと考える学生が増えたからではないでしょうか。

もっとも、銀行は大昔から、高い採用基準を突破してきた同期同士を入行後も厳しい競争に晒し、選別し、各年代の人数をポストの数に合わせて調整してきました。

つまり、再編があろうがなかろうが、銀行を就職先に選ぶということは、入行後も否応なく厳しい競争に晒されることを覚悟しなければならないのです。

こういうと、ドラマによく出てくる、出向先で邪魔者扱いされている負け組銀行員ばかりを想像するかもしれませんが、組織にとって必要な人材のスペックは、個別事情によって左右され、一様ではありません。

銀行員は最も世の中でツブシが効きます。なぜか。一般事業会社では経営の中枢に近いところにいないと学ぶ機会を得ることすらできない、金融の実務を身につけているからです。

天才的な技術者が世の中の役に立つ製品を作っても、経営に失敗すれば世の中に貢献することはできなくなります。経営の成功に金融実務に長けた人材は不可欠です。

どんな時代になっても金融機能と経営の基本的な構造は変わりません。昨今はフィンテックベンチャーがもてはやされていますが、新たな手段が登場しているにすぎません。

将来、銀行は今の姿のままではなくなるかもしれませんが、金融機能が不要になることはありません。金融の仕組みを知るということは、世の中の仕組みを知るということとイコールだといっても過言ではありません。

大きな組織に就職すれば一生安泰だった時代はとうの昔に終わり、実力に見合ったサラリーを求め、転職を繰り返すことへの社会的抵抗はほぼなくなっています。

広く社会で通用する付加価値を身につける場という視点で企業を見た場合、銀行はかなり有益です。

変革を迫られているだけに、若い行員に与えられるチャンスも拡大しています。

この本でそのことが皆さんにお伝えできれば幸いです。

2020年1月

伊藤　歩

目次

Chapter 1 銀行業界の仕事人

Chapter 2

銀行業界最新事情

Chapter 3

銀行業界地図

Chapter 4

銀行の業務

Chapter 5

銀行業界の企業模様

Chapter 6
銀行業界の就職と待遇

カバーデザイン：内山絵美（有）釣巻デザイン室
本文デザイン：白石知美（株）システムタンク

Chapter 1

銀行業界の仕事人

1

新ビジネスの協業企業発掘

――メンターたちとスタートアップ企業を支援

株式会社三菱ＵＦＪ銀行
デジタル企画部企画グループ調査役
桂　寧志さん

広く世間が見える仕事を希望
父親の助言で金融業界に関心

銀行員なのに普段はスーツとは無縁の生活。職場で飛び交う言葉も横文字ばかり。

桂寧志さんが所属するデジタル企画部は、銀行と協業できるスタートアップ企業を発掘する部署。そんな部署が三菱ＵＦＪ銀行にはあるのだ。

映画『マトリックス』や『マイノリティレポート』が大ヒットしたのは、桂さんが中学生の頃。いずれこういう世界がくるだろうと思い、情報系の仕事に憧れ、大学も情報系に進学した。

桂さんが就職活動を始めた２００７年の秋は、リーマンショック勃発の１年前。環境はまずまず良好だった。

当然のように先輩も同級生も就職先はシステム会社やメーカー。研究室の先生にも同様の業界を薦められたが、もっと幅広く世間が見える仕事に就きたいと思った。

というのも、桂さんは父親が大手銀行の行員。その父親が「銀行の仕事はいろいろな業界と接点を持てて面白いといいまして」

漠然と、融資と預金をやっているだけだと思っていた。だが、セミナーに出かけ、ＯＢ訪問をした結果、資産運用や事業継承、Ｍ＆Ａにプロジェクトファイナンスなど、関与している分野ややっている業務は思っていたよりもずっと広いのだということを知った。

メーカーや製薬会社といった、出身学部の地の利が生きる会社だけでなく、広告代理店に商社と、様々な業界と接点を持つ企業も受けてみたが、「一番可能性を感じたのは銀行」だったという。

銀行業務の基礎を学んだリテール業務
町工場の経営者から多くを学んだ法人営業

銀行は3大メガバンクや信託など6行を受け、手がけている業務の幅が最も広く、グローバル展開もしている、第一志望の三菱ＵＦＪに入行を決めた。

入行後、最初の配属先は近鉄布施駅前の東大阪支店。最初6か月はＯＪＴ。ＡＴＭ操作の補助など店内の案内、帳票処理などのバックオフィス業務、担当先を持っている先輩の営業帯同など、あらゆる業務を経験した。

今では基本的に派遣社員が担当しているテラー（窓口）業務も経験した。

今も邦銀の多くは新入行員にサッカン（大量のお札を扇型に広げたりして短時間かつ正確に手で数える技）の訓練をさせる。

インターネットバンキングが普及し、今や現金を直接扱う業務はテラーくらい。そのテラーでも日常業務では紙幣を数える際には札勘機を使うから、この技が必要になる場面はほぼない。

だが、サッカンは邦銀の行員としてひと通りの教育を受けた証明となりうる作法のようなもの。外資系銀行では身につかない技であり、桂さんもマスターした。

「お金が合わないとか、現物（手形や小切手）がなくなったりで、支店の行員総動員で数えたり探したりという経験もしました」

リテール業務の経験を終えると、次は法人営業。当時、銀行の店舗は基本的に1階がリテール、2階が法人営業という構造になっていた。

東大阪支店は、法人営業の店舗が少し離れた場所にあり、テリトリーは町工場の集積地。時はリーマンショック直後で不況のどん底だった。

「貸出需要は全然なくて、営業は苦しかったですが、しっかりした経営者が多く、本当に多くのことを学ばせてもらいました」

よく銀行は晴れの時に傘を貸し、土砂降りの時に傘を奪うといわれるが、銀行の貸出金は、顧客から預かった預金が原資だ。

「不良債権を作るわけにはいきませんから、回収が難しいとなったら、土砂降りの時に傘を奪うことになってしまうケースは確かにあります。でも、そういう事態に陥る経営者はごく一部。売上が下がってもしっかり利益を出す、優秀な中小企業経営者は銀行のいうなりになんてなりません。自分が未熟で良い提案ができず、ふがいない思いを何度もしました」

本部の営業サポート部門へ異動 経営者の思いに共感し知恵を絞る

3年後、次に異動した先は本部のコーポレート情報営業部。総勢約400人規模の大所帯だ。

桂さんが所属することになったのはファイナンス営業グループ。担当は東京、名古屋、大阪の地域別に分かれていて、担当区域内の各営業拠点をサポートする。営業拠点が担当している企業に共同で、様々な提案をしかけていく。

営業拠点が顧客からヒアリングしているニーズ、入手している決算資料や取引履歴などから、営業拠点といっしょにプランを練り上げる。

例えばM&A。会社を買収するから買収資金の融資をしてほしいという依頼に対し、単純に買収に必要な資金を融資するだけなら知恵はいらない。

そこを、バランスシート全体の改善につながる、つまり資産と負債、資本のバランスが最も効率的になるように買収資金を捻出する方法を提案すれば、M&Aの効果はより高まる。

当然他行との競合はあるので、ともすると金利や手数料が安い提案に流されていきがち。だが、提案が顧客から評価され、他行よりも高い金利、手数料を顧客が支払ってくれることもある。

成長を企図する経営者の思いに共感し、その思いの実現に向けて営業拠点と共同で知恵を絞る。プランが受け入れられて、融資の実行や手数料収入に結びつけば、それは営業拠点の成績になる。

バランスシートが劇的に改善して顧客から感謝されれば、背負った数字を達成した時の達成感とはまた別の達成感を味わえる。

そんな桂さんに、挑戦してみたいことが出てきた。2015年秋、行内にスタートアップ企業との協業で新事業を模索する、デジタル企画部が立ち上がったのだ。

スタートアップ企業の熱量借り近未来の収益源を模索

社内公募に手を挙げ、2017年11月、デジタル企画部への異動が叶った。この部署が部の創設時からスタートアップ企業の支援を目的に毎年実施しているのが、MUFG Digital アクセラレータープログラム。2015年に邦銀初のプログラムとして発足し、既に4回開催している。

三菱UFJグループと革新的なサービスを創造してみたい企業を毎年11月から翌年1月にかけて募集。審査を経て3月半ばに参加企業を決定する。

選ばれるのはおおむね5～7社。4か月間で三菱UFJグループが抱える金融の専門家の他、ベンチャーキャピタル、弁護士、マーケターなどのメンター（指導者、助言者）が実践的なアドバイスを行って事業計画を磨き、7月下旬の発表会に臨む。

桂さんは第3期から、このアクセラレータープログラムの運営責任者を任されている。

「スタートアップ企業のアイディアを多くの専門家といっしょに磨き上げる。プログラムに関係してもらっている方々は本業とかけ持ちなのに、すごいエネルギーを注いで参加してくれるんです」

グランプリを獲得した企業と立ち上げた事業もある。2019年6月にサービスを開始した、中小企業向けオンラインレンディング（オンライン上で融資が受けられるサービス）『Biz LENDING』もその1つ。プログラムに参加する企業はシードからアーリーステージが多い。これからビジネスを大きくしたいスタートアップの経営者たちが事業加速できるよう支援する。2019年1月にはフィンテック関連のスタートアップ企業に出資するベンチャーファンド運営会社・三菱UFJイノベーション・パートナーズも設立。出資機能も備えた。

「この部署に配属になった時、私はスーツしか持ってなくて、スーツ姿でスタートアップの人たちのイベントに出ようとしたんですよ。そうしたら上司から、そんな恰好してたら彼らとコミュニケーションがとれないっていわれて。今ではGパンにTシャツなことも多いです」

最初はスタートアップ企業の若き経営者たちが話している言葉すら理解できなかった。知識も経験も豊富で、独特のコミュニティが形成されている。

必死に勉強し、なんとかコミュニケーションがとれるようになると、その発想の豊かさに驚かされた。

今の仕事は一見銀行業務とはかけ離れているように見えるが、桂さんは基本は同じだと考えている。

「様々な人が関与して、人の思いに共感してビジネスを作り上げていくという点では、保守本流の融資と同じです。アウトプットの仕方が融資なのか、新ビジネス創造なのかだけの違いです」

今、銀行は就活性の人気が凋落している。

「金融はあらゆる取引に介在します。大切な決算書を見せてもらえるのも、社会に出たばかりの若造が企業の経営者とサシで話ができるのも、お金が介在しているからこそ。こんなに面白くてやり甲斐のある仕事はないと思いますよ」

【プロフィール】

桂　寧志（かつら・やすし）

1986年2月生まれ。2009年3月、立命館大学情報理工学部卒業。同年4月三菱UFJ銀行入行。支社勤務、本部の支社営業サポート部門を経て2017年11月から現職。家族は同じ銀行の奥さんと娘が1人。横浜生まれで大阪育ち。

2

経営者に寄り添う法人融資
——浜銀初の単独LBOも経験

株式会社横浜銀行厚木支店
法人渉外課課長代理
黒川　翔さん

様々な業界とかかわることのできる銀行を志望

黒川さんは生まれも育ちも横浜。小学校から高校まで全て横浜市内の公立の学校を出ている生粋のハマっ子だが、大学はキャンパスの雰囲気や周囲の街並みに憧れ、早稲田大学に進学した。

だが、大学2年の夏にリーマンショックが勃発。翌年の２００９年４月から始まった1期上の先輩の就職活動環境は突然暗転した。

黒川さんが就職活動を行った２０１０年春も状況は好転していなかった。

それでもやみくもな活動はせず、志望業種は銀行と不動産デベロッパーに絞った。

銀行を志望したのは兄の影響だ。黒川さんは３人兄弟の三男なのだが、政府系の金融機関に勤務している長男から、「様々な業界と接点が持てる業界」という黒川さんの希望に合致する業界として、自らが身を置く金融業界を薦められた。

一方で不動産デベロッパーの仕事に就きたいと思ったのは、生まれ育った横浜のシンボル・みなとみらいの誕生を目のあたりにし、街を劇的に変えるスケールの大きい仕事に憧れたからである。

不動産デベロッパーは最終面接で落とされたが、銀行はメガバンク、政府系金融機関、そして地元の横浜銀行を受けた。

最終的にメガバンク1行と横浜銀行から内定を得たが、迷うことなく横浜銀行に決めた。

「メガバンクは全国どこに転勤になるかわかりませんが、横浜銀行なら神奈川県外への移動はほぼないので、生まれ育った神奈川でずっと仕事ができます。将来、子どもができて、学校の問題などで家族と離れて暮らさざるをえなくなるようなリスクもありません。10年後の自分の姿をイメージできました」

報われた〝一生懸命〟

入行後、最初に着任したのは大船支店。支店全体で30人くらいの行員がいる、中規模の支店だった。

立地は鎌倉市と横浜市の境目で、営業エリア内には多種多様な業種の会社があり、規模も中小規模の会社から上場会社まで様々。

最初の1年間はジョブローテーションの期間で、窓口業務から伝票処理などの内部事務業務を中心に経験した。

2年目からは法人渉外に就いたのだが、中小規模の会社を100社ほど担当することになった。

「さほど知識もないのに百戦錬磨の経営者の方たちと向き合うわけですから、最初はなかなか思うように成果が上がらず、忸怩たる思いをしました。例えば、毎月試算表をいただくわけですが、その場でどこの数字が動いているかが把握できれば、即座にアクションが起こせるんですよ。例えば、受注が伸びてるとします。そうすると仕入に必要な資金がいつ、どのくらい発生するかがわかり、運転資金融資の提案がその場でできるのに、銀行に帰ってからじっくり机の上で見て、それで初めてわかるようでは、タイミングを逸してしまうわけです」

最初はがむしゃらに頑張るだけだったが、幸運なことに、法人担当になって比較的早い段階でそのがむしゃらな頑張りが報われた。

「まだちゃんと提案はできない頃でしたが、苦労が実り、ある取引先がメインバンクを当行に変えてくれたんです。私の目の前で社長が他行の担当者に電話して、取引行を変えると宣言してくれたんですが、当然先方は翻意してもらおうと必死になりますよね。その時、〝一生懸命やってくれて息子のようだから変えるんだ〟といってくださったんです。力は及ばなくても、とにかく目の前のことを一生懸命やることが大事なんだと思えました。この経験は現在の自分のベースになっています」

徐々にコツが掴めてきたら、法人営業は俄然面白くなった。

黒川さんは法人渉外を2年、個人渉外として富裕層向けのローン業務を1年経験した後、再度法人渉外として比較的規模の大きい企業を担当し、合計6年間を大船支店で過ごした。

大規模店舗で浜銀初の単独ＬＢＯ経験

初めての異動先は厚木支店。約60人の行員が勤務する、執行役員が支店長を務める店舗だ。

大船支店に比べて顧客の規模も大きく、その分資金ニーズも単純ではない。単純に融資を出すのではなく、可能な限り顧客のニーズを組む仕組みを考えなければならない機会が増えた。

事業継承に絡む資金なら税制や融資の出し方にも工夫がいる。大きなプロジェクトに必要な資金であれば、プロジェクト全体を見渡して、最適な資金調達の提案をする。

大規模な案件に対して、オーダーメイドで契約書を作成して取り組む融資もある。通常の契約書では取り組みが難しい案件でも、個別に諸条件を調整することで、数々の案件に取り組んだ。

半年前には横浜銀行単独でのＬＢＯローンを実行した。

ＬＢＯとは、レバレッジド・バイ・アウトの略で、買収先の資産やキャッシュフローを担保に、買収資金を借りて企業を買収するという高度な手法だ。

ＬＢＯは買収する企業の資産を担保にするので、買収するためのペーパーカンパニーをまず設立し、そこにつなぎ融資を出して買収する企業の株を取得し、その次にそのペーパーカンパニーと買った会社を合併させる等、何段階もの複雑な手続きが必要になる。

本部の協力も得て仕組み作りから融資の実行まで手がけ、「大きな仕事をやり遂げた達成感は格別でした」

経営判断にかかわり、裁量も大きい

「銀行は担保至上主義で事業を評価して貸すということができない」

よく耳にする批判だが、「個人的には事業評価をして融資をする、ということは当然で、あえて言葉に出していうことではないと思います。言葉の響きからは、何かチェックリストを埋めるような印象を受けますが、融資というのはそんなものじゃない。私たちは決算書の数字だけを見ているのではなく、日々、生身の経営者と向き合い、事業の状況を共有し、自分の目で確かめて、その結果としてその企業の決算書を見ている。日々見ていることをそのまま稟議書に落とし込んでいるのであって、それが事業を評価するということにほかならないと思っています」

「銀行は晴れの日に傘を貸し、どしゃ降りの日に傘を返せという」という批判についても一家言ある。

例えば明日、従業員に給料を払うためのお金がないといって銀行に駆け込んでくる経営者がいたら、そんな無計画な経営者にはどこの銀行も普通は貸せない。

だが、「そんな状況にしてしまう我々銀行員に責任がある」と黒川さんはいう。

人には得手不得手がある。職人としての腕は確かだったり、突破力があったり、独創的な発想をする経営者が、キャッシュマネジメントも得意であるとは限らない。

「数か月先の資金繰りがどうなるのか、先々のことを予測し、アドバイスできる関係を構築することが我々の使命だと思っています」

黒川さんには担当顧客との間に忘れられないエピソードがある。その会社は兄が社長、弟が役員を務め、黒川さんとしては相応の信頼関係を構築できているという自負はあった。

業績は好調であり、経営も資金繰りも営業も、全て兄弟2人で回し、多忙を極めていたので、さほど深く考えずに、外部から財務の責任者を採用してはどうかと提案してみた。

だが、返ってきた答えは「見ず知らずの人にいきなりキャッシュマネジメントを任せられるほど自分たちは大胆ではない」だった。

「君みたいにお金のことをなんでも相談できる相手はそう簡単には見つからないんだよ、っていわれまして。そこまで信頼されているのだということがわかって、嬉しかったと同時に銀行員の責任の重さを改めて自覚するきっかけになりました」

大学を出たばかりの若者が、従業員とその家族の生活にまで責任を負う経営者と向き合い、大切な決算書を見せてもらい、重要な経営判断にかかわる。裁量は大きく、時には経営者の暴走を止めるのも銀行員の役割だ。

入行から8年。「ずっと営業の最前線で仕事をしてきたので、銀行経営を学べる本部の仕事もいずれは経験してみたいですね」

【プロフィール】

黒川　翔（くろかわ・しょう）

1987年10月生まれ。2011年3月、早稲田大学教育学部卒業、同年4月横浜銀行入行。大船支店を経て2017年2月厚木支店に異動。同年10月から同支店法人渉外課長代理。家族は4人（妻、子2人）。神奈川県横浜市出身。

3

人生の決断を後押しするプロ集団
――みずほの宝・コンサルティング部

みずほ信託銀行株式会社
コンサルティング部班長
戸川恒平さん

簡単ではない顧客の真の要望把握

銀行員の父と銀行を寿退社した母を持つ戸川さん。父親は家で仕事の話をしないので、今でも父親が銀行でどんな仕事をしているのか知らないが、なぜかごく自然に金融に興味を持った。大学でも金融論のゼミを選び、就活先も銀行一本。

戸川さんが就職活動を行ったのはリーマンショック勃発直前の2008年4月。1年遅ければ地獄を見るところだった。

銀行といってもメガバンクや地銀など普通銀行は受けず、信託銀行に絞った。不動産や年金運用など、普通銀行では手がけない事業を手がけているからだ。

当時の4大信託銀行（三菱UFJ、みずほ、住友、中央三井）を受け、みずほ信託銀行から内定を得た。

入行後最初の配属先は仙台支店。当時、みずほ信託の店舗は本支店合計で全国に35か所（現在は36）あったが、東北では仙台のみ。このため仙台支店で東北6県全域をカバーしていた。

最初は窓口で定期預金のほか、投資信託や保険の窓口販売など個人対象の業務を経験した。だが、リーマンショックの影響で世の景気はどん底。顧客のマインドも慎重そのもので、営業成績が上がらず苦戦を強いられた。

「我々が売りたいものを薦めて買ってもらえるほどお客様は甘くありません。信託銀行のお客様は比較的経済的に豊かですが、数百円の送金手数料にもシビアです。そういう積み重ねをしてきている方から大事なお金を預かるわけですから、その方が何を望んでいるのか、しっかりご意向を確認しなければ最適なご提案はできません」

家族構成に年齢、手許の資金は退職金なのか親から相続したものなのか、親から相続した不動産を売って得たものなのか、はたまた宝くじが当たったのか。そしてそのお金をどう使いたいのか。子に引き継ぎたいのか、自分の代で使い切りたいのか。多少のリスクはとれるのか、あるいは1円たりとも減らしたくないのか。

人それぞれにお金に対する思いは違う。「かなりプライベートな情報なので、相応の信頼を得ないと、このような話をしてもらえないのだということを学びました」

アパートローンの経験を経て、法人営業に

窓口業務を1年半ほど経験し、次に就いた業務は富裕層の個人向けアパートローンだ。戸川さんが担当した２０１０年当時はリーマンショックから2年近くが経過していたが、未だ日本国内の不動産市況は低迷しており本部の審査は厳しかった。

「それでもなんでもかんでもダメというのではなく、立地が良好だとか、物件を建てるハウスメーカーの信頼性、賃料見通し等がしっかりしていれば稟議は通っていました」

土地を所有する個人が建てるアパートは、大手のハウスメーカーが土地の所有者にアパート経営を提案し、建築工事を請け負うとともに、完成後はグループ会社で借主の募集や管理を請け負うというの

が一般的なプロセス。完成後も経営をサポートするため、ハウスメーカーの信用力も重要になる。

その際、自己資金だけで建てられる人なら融資は不要だが、融資が必要な人はハウスメーカーを通じ銀行に相談することがある。銀行としては、融資先のオーナーとともに紹介してくれるハウスメーカーのオペレーション能力や賃料相場の見込みなども精査し、スキーム全体を銀行として確認していく。

半年ほどの間にアパートローンを2～3件実行し、東日本大震災が起きる直前の2011年3月、法人の営業担当に就いた。

法人担当の業務は広範囲だ。普通の銀行と同じ事業資金融資の仕事に加え、企業の年金運用業務、不動産の管理や売買仲介を取り扱う不動産業務、上場会社なら株主名簿を管理する証券代行業務などなど。

年金運用や不動産業務等は専門知識が必要なので、専門の担当がいる。法人営業担当は、自分の担当顧客のニーズを把握し年金なら年金の、不動産なら不動産の専門担当につなぐ。全てを自分でやり切るわけではなく、案件によってはグループ会社と連携したり、案件全体のコーディネート役となる。

証券代行業務も実は幅広い。上場会社は膨大な人数の株主を抱えているので、ほとんどの会社が株主名簿の管理を信託銀行に委託している。

委託を受けた信託銀行は、その会社の株式の売買が発生する都度、証券保管振替機構という上場会社の株取引を集約している組織から、誰が売って誰が買ったのかの情報をもらう。

その情報に基づき、半年に一度株主名簿を作成して会社に渡すのが、証券代行の基本的な業務だ。だがそれだけでなく、株主総会のサポートも行う。総会当日の受付や総会会場での案内業務、事前にはリハーサルを手伝ったりもする。

総会に関する情報提供も重要な業務だ。お土産は出したほうが良いのか、出さないほうが良いのか、出すとしたら何が良いのか、他社の総会ではどういう質問が株主から出て、どう答え、結果どうなったか、著名なファンドや個人株主がどの会社の総会に参加したか、所要時間はどのくらいだったかなどなど、会社側が知りたい情報を、本部のサポートを仰ぎながらできる限り収集して伝える。いずれも普通銀行ではできない経験だ。

手を挙げ、コンサルティング部へ

法人担当になって数か月後、戸川さんに転機が訪れる。担当先の小売業の会社の創業社長から、自分が保有する自社の株式を後継者である長男に譲りたい、ついては事業承継のスキームを考えてほしいという申し出があったのだ。

この時に支援を仰いだのが本部のコンサルティング部。創業者本人の保有株式を移動するということはあらゆる方面への影響を考慮しなければならない。税務、会計、法務などあらゆる知識を総動員して提案書を作成するのだが、創業者本人に決断をさせたのは、この時仙台支店の担当としてサポートしてくれた、コンサルティング部の行員だ。

「お客様とは仲良くはなれるし提案も聞いてもらえるが、最後の決断をしてもらえず数字が上がらない。そんなジレンマに悩んでいた最中だったんですが、この人が同席すると、物事が動くんです。単に知識があるだけじゃなく、提案の細部まで考え尽くされていて、発する言葉がことごとく先方の心に刺さっていくのが、手にとるようにわかりました」

現状を打開したかった戸川さんは、「この人のようになりたい」と考え、コンサルティング部への異動を目指し、行内のジョブ公募制度に応募した。

希望が叶い、コンサルティング部への異動の辞令が出たのは２０１２年12月。着任初日に上司に連れて行かれた先は大手書店。「専門書ばかり合計10冊ほど選んでくれまして、とにかく勉強しろと」

現場がすくい上げてきたニーズに応えるため、ありとあらゆるシナリオを考え、その中から最適な解を提案する。創業者が事業承継を考えているとしたら、保有株を誰にどういう形で渡すか。工場の土地建物の所有権はどうするのか。所有権を移すならその際の鑑定評価は恣意性が働かないようにするにはどうすべきか。創業者の手許にお金が入るのであれば、そのお金はどうするのか。その会社が上場会社なら、株価への影響も考えなければならない。

様々な課題解決には専門家の動員も不可欠なので、コーディネートをし、税務、会計、法務の論点整理をし、全体のコントロールタワーの役割を果たしながら、実際の実行までサポートする。

目指すは番頭のような存在

1年数か月、2人の先輩のカバン持ちをやり、独り立ちして5年あまり。2019年4月に班長になり、5人の部下を持った。

「みずほ信託のコンサルは、いわゆるコンサルティング手数料をいただかないケースが大半です。提案が採用され、その中で必要となる融資や信託関連のお取引を通じて、お客様との取引のパイプを太くすることを目的として活動しています」

業績の評価基準は、訪問回数やプレゼン資料の作成本数、支援した結果支店でどのくらいの取引につながったかといった数値に表れるものと、どれだけ顧客にインパクトを与える提案ができたかなど、定性的な部分も併せたものになる。

みずほグループは普通銀行のみずほ銀行が全国に持つ約460の拠点が顧客のニーズを把握し、そのニーズにグループ各社がソリューションを提供する仕組みをとっている。

その中でみずほ信託のコンサルティング部はみずほグループ全体のために働く知恵袋という位置づけで、他のメガバンクグループに同様の組織は存在しない。〝みずほの宝〟と呼ばれるゆえんだ。

「そのことに誇りも感じますし、そうであり続けられるだけの実績を上げ続けたいと思っています。なんでも相談していただける、番頭さんのような存在になれることが理想。担当をはずれないでくれ、といっていただけた時は銀行員冥利につきますね」

【プロフィール】

戸川恒平（とがわ・こうへい）

1985年5月生まれ。2009年3月明治大学政治経済学部経済学科卒。同年4月みずほ信託銀行入行。仙台支店を経て2012年12月コンサルティング部に異動。2019年4月から現職。

4

次世代ATMの開発業務
——世の中の変化に寄りそうATMを開発

株式会社セブン銀行
ATMソリューション部　ATM+グループ調査役
柏熊俊克さん

教員志望が一転、銀行志望に

２０１９年9月12日、セブン銀行が満を持してお披露目した「ATM+」。NECとの共同開発で、世界一の認証精度を有する顔認証技術を搭載、QRコードの読取機もついた次世代ATMだ。

ATMの概念を根本から覆す、この新型ATMの開発に２０１３年から関与し、実質的に開発のリーダーを務めたのがATMソリューション部の調査役柏熊俊克さんだ。

柏熊さんはリーマンショック直前の２００８年３月に福島大学教育学部を卒業、同年４月にセブン銀行に入社している。

福島大学教育学部に進学したのは、教員への憧れから。中学時代の担任のような教員になりたいと思っていた。大学を出てストレートに教員になる道もあったが、それでは世間を知らないまま教員になってしまう。

教員採用試験には社会人枠があり、「社会に出た経験は教員として強みになるし、結果学生のためにもなるはず」と考え、いったん企業に就職してから教員になる道を選んだ。

だが、その決断をした時期は大学3年の1月。当時は選考解禁時期が4年生の4月からであったので、綿密な業界研究をしている時間がない。業種をある程度絞り込む必要があったため、金融業界にフォーカスすることにした。なぜか。

「お金の流れは世の中の流れ。世の中を知るなら銀行だ」と思ったからだ。

採用プロセスに疑問感じ
メガの内定を辞退

柏熊さんが就活を行った2007年春は、リーマンショック前年で、サブプライムショックの半年前。就職環境は良好だった。

企業研究はメガバンク、地銀、信託銀行、ネット銀行、クレジットカード会社にノンバンクなど幅広く行ったが、実際に受けたのは7社。保険会社と証券会社は除外した。

実は当初受けた銀行の中にセブン銀行は含まれていない。受けた7社のうち落ちたのはネット銀行1社だけで、メガバンク、信託銀行、それに地銀3行から内定を受けた。

大手銀行に就職先を決める学生が多い中で、柏熊さんはここで迷いが生じた。当時は大量採用の時代で、大手銀行の新卒採用人数は年間2000人規模。面接も集団面接でまるで流れ作業。この中で自分はいったい採用する側の人から何を見てもらえたのだろうか、一定の枠の中に収まっている人材だったら誰でも良かったのではないか――。

そういう思いに至り、内定を辞退し、自分がやったことが見える、残せるところを改めて探そうと思い立つ。4月1日が選考解禁日だった当時、ほとんどの銀行が選考を4月3日で終えてしまうところ、セブン銀行は4月半ばでも採用活動を実施していた。

何をしている銀行なのか、他の銀行との違いなど、ていねいに教えてもらえた。もやもやしていた違和感が解消し、「ここなら新しいことがやれそう」という確信を持つことができた。

さらに自分たちの仕事に誇りを持ち、楽しく仕事をしている社員の姿に魅了され、迷うことなく入社を決めた。

初の配属先は経営企画　銀行の中枢で全体像掴む

入社後最初の配属先は企画部経営企画担当。日銀や金融庁との窓口、全社の予算管理、ＩＲ（投資家対応）など、経営の中枢を担う仕事だ。

当時社員は全体でも２５０人しかおらず、少数精鋭。新人でも重要な業務に就くチャンスが与えられていたとはいえ、新卒でこの担当に配属されたのは柏熊さんが初めて。

「当時経営企画担当に所属する社員は6人程度でしたが、皆、新しいことをやりたくて外から転職してきている、しかも顕著な経歴・能力を持つ人ばかり。担当のトップは元日銀でしたし、ハイレベルすぎて最初はやっていることがさっぱり理解できませんでした」

最初の1年間で業務を習得しながら、2年目からは当局対応と予算管理を任された。当局対応は、他の銀行なら普通は中堅どころの行員が担当する業務だ。

柏熊さんが3年目になる年、セブン銀行は日銀考査と金融庁検査を相次いで受けることに。

実際に当局から聞かれたことに答えるのは対象の業務を手がける各担当者だが、企画担当の社員は考査や検査の事務局業務を担当する。

柏熊さんは当局からの質問に対応する部署のアレンジや資料の準備、議事録作りに奮闘した。

当局は個別にいろいろなことを聞いてくる。事前に質問内容を全社で共有し、どう答えるかも会議で議論できるようにしなければならない。

「それまでに社内のどこで誰が何をやっているのか、おおむね把握したつもりではあったのですが、当局の方の指示のニュアンスを取り違えることも。失敗を繰り返しながら、さらに会社を理解できました」

主要商品のＡＴＭ開発部隊に異動

企画部に合計5年半在籍し、現在の部署であるＡＴＭソリューション部への異動が叶ったのは２０１３年7月。

セブン銀行は〝銀行〟を名乗ってはいるが、やっていることは普通の銀行とはかなり違う。支店が基盤となるビジネスではないし、営業マンが預金や融資のために企業を回ることもない。端的にいえば、ＡＴＭの運営が主要業務。柏熊さんの異動先は、メーカーでいえば主要製品の開発部門である。

セブン銀行の設立母体は、国民の生活インフラを自負する大手小売グループであるセブン＆アイ・ホールディングス。預金の出し入れができるＡＴＭはいわば生活インフラ。だからこそＡＴＭの運営を自ら手がけたいと考えた。

ところがＡＴＭを運営できるのは銀行だけ。セブン-イレブン等の各店舗にＡＴＭを置こうと思ったら、銀行に頼んで置いてもらわなければならない。そこで、銀行免許を取得して自らＡＴＭを運営できるようにしたのだ。

直接の顧客は銀行、信金、信組など全国の金融機関。セブン銀行のＡＴＭで預金が出し入れできる提携先金融機関は、開業初年度の２００１年にはわずか9行だったが、現在では金融機関に限らず６１５社。全国で稼働しているＡＴＭは2万５０００台に上る（２０１９年3月末現在）。

全国の金融機関に預金口座を持つお客様が、セブン銀行のＡＴＭを利用すると、その口座がある金融機関が、セブン銀行にＡＴＭ受入手数料を支払うビジネスモデル。その手数料収入が、セブン銀行の収益の柱。つまり直接のお客様は全国の金融機関なのだ。

4年がかりで次世代ＡＴＭ完成 変化に応じた新たな価値を提供

柏熊さんが現在の部署に着任したのは、次世代のＡＴＭを作るプロジェクトが動き出そうとしていた時期。提携先金融機関の要望を聞き、セブン-イレブンで実施した1万人アンケートの結果も間接的に情報が入ってくる。

全国で稼働しているATMの運営責任はセブン銀行が負っているので、セブン‐イレブン等の店舗スタッフは法令上関与が禁止されている。

不具合が起きたらATM横のインターホンでコールセンターに問い合せてもらう。逆にいえばコールセンターには利用者の貴重な生の声が集積される。

お客様のニーズやライフスタイルの変化に応える、現金の出し入れにとどまらない「新しい便利を『プラス』していく」ATMとは何か。議論を重ねた末に出た答えの1つが本人確認機能だ。

本人確認機能がATMに備わると、ATMで銀行口座の開設ができるだけでなく、決済事業会社が提供する決済サービスのアカウント作成や、シェアリングサービス利用時の本人確認など、お客様の利便性、ビジネスの可能性は大きく広がる。

2019年秋から順次、全国にある2万5000台のATMを入れ替えていく。本人確認機能をどう使うかはこれから実証実験を重ねて模索していく。

一般の銀行は銀行同士で競争しているが、「セブン銀行の競争相手は〝お客様のニーズ〟です。銀行と〝競争〟しない代わりに〝共創〟する銀行です。新しいことをやりたい人にはチャンスをくれる銀行です」

ところで、先生になる夢は？

「ここでやれること、やりたいことがまだたくさんありすぎて、当分その予定はありません」

【プロフィール】

柏熊俊克（かしわぐま・としかつ）

1985年1月生まれ。2008年3月、福島大学教育学部卒業。同年4月にセブン銀行入社。企画部経営企画担当を経て2013年10月から現職。家族は4人（妻、子2人）。千葉県出身。

銀行業界の仕事人
銀行業界最新事情
銀行業界地図
銀行の業務
銀行業界の企業模様
銀行業界の就職と待遇

5

愚直に融資で稼ぐリレバンのお手本
――19年ぶりの新店舗を率いる35歳

広島市信用組合
広支店支店長
谷川弘起さん

投信売らず融資ひとすじ
国内有数の高収益力金融機関

統合や閉店一辺倒の銀行業界にあって、2018年11月に大型の出店を行った広島市信用組合。この新しい支店を率いるのが弱冠35歳の谷川弘起さん。

好景気が続いても中小企業の設備投資姿勢は慎重そのもの。貸す側に不良債権化を恐れる気持ちが強いこととあいまって、預金は増えるのに貸出先が増えず、預貸率（預金のうちどれくらいを貸出に回したかを示す指標で、貸出金残高を預金残高で割って算出する）の停滞に頭を抱える金融機関は少なくない。低金利下で余剰資金の運用もままならない。

金融機関の各業態をピラミッドで表現するなら、頂点はメガバンク、その下に新生銀行など旧長信銀や信託銀行、地銀、第二地銀、信用金庫と続き、その下に位置する信用組合はいわば底辺。

信用組合は普通銀行と違い、限られたエリア内でしか営業ができない。貸出できる相手先も中小企業に限られ、貸出先1社あたりの融資可能限度額も限られている。ゆえに相対的に規模も小さく、事業環境は地銀以上に厳しい。

金融庁は地銀、第二地銀、信金、信組に、各地域の中小企業とのリレーションを密にし、貸出ニーズを掘り起こし、リスクをとって貸出を伸ばせと大号令をかける。いわゆるリレーションシップバンキング構想、略してリレバンである。

そのリレバンのお手本とされるのが、谷川さんが勤務する広島市信用組合、通称シシンヨー。預金残高は全国146の信用組合中4位（2019年3月期)、中堅クラスの信用金庫をも凌ぐ。

預貸率は実に87%。業界平均は信金、信組では50%前後、地銀、第二地銀が70%台後半、メガバンクが60%台だから、シシンヨーの預貸率は突出して高い。本業の儲けを示すコア業務純益は94億8500万円(2019年3月期)。16期連続で過去最高を更新中だ。

シシンヨーは投資信託の販売は一切せず、自己勘定での有価証券運用もほとんどやらない。収益を稼いでいるのはもっぱら融資。金利競争が激化する中、貸出金利は地銀平均よりも1・5%も高い。

なぜか。融資の申込みに対し、その可否を基本的にたった3日で回答するという、他の金融機関ではやってくれないことをしてくれるからだ。

スーツ姿の銀行員に憧れ銀行目指す 本命シシンヨーに晴れて合格

それではなぜ3日で回答できるのか。答えは相手先を知り尽くしているから。シシンヨーの営業マンは、総代会(株式会社でいう株主総会)が終わった、ディスクロージャー誌が刷り上がった、創立記念日だと、何かあるたびに手ぬぐい(タオル)やお饅頭を持って取引先を回る。

インターネットバンキングもサービスメニューとして持ってはいるが、基本は訪問による対面で、ちょっとした手続きは伝票の用紙を持って顧客のもとへ行き、集金もする。

1980年代半ば頃までは現在メガバンクとなっている大手行も含め、どこの銀行もやっていたどぶ板営業である。バブル崩壊に続く不良債権処理や合理化で、どこの銀行もやらなくなってしまった基本動作を今も愚直に続けているのである。

そんなシシンヨーに谷川さんが就職したのは2007年4月。理由は「銀行員は恰好良いと思ったこと、それに母親が喜ぶと思った」からだ。

谷川さんは大学3年の年から生活費も学費もアルバイトで稼いだ苦労人だ。母親が重篤な病気にかかり、医療費の負担が家計に重くのしかかった。このため、弟と2人、家を出て自立したのだ。

大学に通いながらだから、アルバイトはパチンコ店、運送、土木作業など時給の高い職種を選んだ。そのアルバイト先にやってくるスーツ姿の銀行員が恰好良く見えて、就職先は金融機関と心に決めた。

滑り止めに給与水準が高いノンバンクと証券会社を受けたが、銀行はシシンヨー一本槍。「通っていた幼稚園の授業料の振込先がシシンヨーだったんですよ。幼稚園にシシンヨーの営業マンが集金に来てる姿、実は私、覚えてるんです。それに昔から我が家はシシンヨーに口座を開いてて、日常のお金の出し入れも全部シシンヨー。子どもの頃から銀行＝シシンヨーだったんです。だからシシンヨーに就職が決まったっていったら、母は本当に喜んでくれました」

〝非効率〟こそビジネスチャンス 入り浸ってニーズ掘り起こす

最初の配属先は東雲支店。全体で12人体制の比較的小さ目の支店だ。シシンヨーでは通常、新人はまずテラーを経験するが、谷川さんは経験せず融資係に配属になった。

一般に銀行では外回りをする営業マンが融資の稟議書も書く場合が多いが、シシンヨーは内勤の融資係が稟議書を書く。

3日で回答が信条のシシンヨーは、営業マンが持ち帰った融資案件は、即座に支店長や次席を交えて検討する。組み立てを変えれば融資できる場合もあるので、各営業マンはどんなに難しい案件でも、自分だけで判断して断るということは絶対にしない。

この業務を通じて、谷川さんは稟議書を書くことで、融資の組み立て方を学んだのだが、同期の中では外回りに出るのは一番遅かった。

少々取り残されたような気持ちにもなったが、1年目が終わる頃、先輩が転勤し、ポストが空いたため晴れて外回りに。

シシンヨーは「お客様が窓口に来ていただかなくてすむように、諸届けから振込の手続き、集金まで全部外回りの営業マンが訪問して承ります。だから、ありとあらゆる用紙を持ち歩いてます。今時非効率とか前近代的とかいわれますが、こうして用事を作り、しょっちゅうお客様のところに出入りしているからこそ、お困りごとを聞き出せるんです」

新規獲得の入口は定期積金。毎月決まった額を定期に積んでもらう商品で、最低1000円から始められる。細かい商品だが、入口のハードルが低いうえ、何年か先には必ず取引拡大に結びつく。

というのも、この毎月の積立金も集金するので、日々〝入り浸る〟口実ができるのだ。年金の振込口座の変更や、住宅ローンの借り換えにつながり、企業の経営者の場合は法人の取引もシシンヨーに変えてもらえるきっかけになる。

〝入り浸る〟効果はそれだけではない。日常的に出入りしていれば、事業の好不調が肌でわかる。だからこそ、申込みから3日で融資の可否を回答できるのである。

32歳で支店長に抜擢 19年ぶりの新店任される重責担う

谷川さんは、4か所の支店を経験し、2016年11月、5か所目の己斐支店で32歳の若さで支店長に就任。2018年5月、19年ぶりの新店舗となる広支店の開設準備委員長を命じられる。

既存の支店から顧客を分けてもらうわけではなく、総勢16名の部下を率いて全く新規に顧客開拓をしなければならない。

広支店は呉市内の店舗としては2店目。シシンヨーは2014年に呉市全域を営業エリアとする認可を中国財務局から受け、3年がかりで広地区への出店にこぎつけている。呉市は造船、海運、鉄鋼などの有力企業が多く、他の業種等も数多くありバランスがとれている街だ。

1店舗目の安浦支店は呉市東部に位置するが、南部の広地区は人口が増えている注目の地域。

「5か月後の11月の開店時点で、400億円という目標を掲げ出金の残高の合計）で400億円という目標を掲げてたんです。でも、昨年夏は豪雨があって、被害に遭われた方たちに、預金や融資の話ができるような状況にはなく、当初目標の半分しか達成できない状態で開店を迎えました」

それでもシシンヨーを知ってもらうために、徹底したローラー活動を行った結果、開店初日には1800人以上の顧客に来店してもらえた。

信用組合からお金を借りるには、1口500円以上の出資金を払い込んで、組合員になる必要がある。組合員は出資者、つまり株式会社における株主と同じ。決算や総代会の結果を報告すべき相手でもあり、同時に融資先でもある。

入り浸る営業はやり方を間違えれば顧客にとって営業妨害となりうる。人間は本能的に正しいことをしたい生き物だ。集金や総代会の報告という名目があるからこそ、営業マンも入り浸る営業に耐えられる。

「地元の呉信用金庫をはじめ、地銀やメガも入り乱れて競合が激しいのは事実です。しかもウチは法定の規制だけでなく、リスク分散のために1取引先への融資は原則10億円までとしています。それでもお客様のお困りごとをまっさきに把握するフットワークの良さはどこにも負けません」

【プロフィール】

谷川弘起（たにがわ・ひろき）

1984年7月生まれ。2007年3月、広島経済大学経済学部卒業。同年4月広島市信用組合入社。2016年11月32歳で己斐支店長就任。2018年5月広支店準備室長兼開設準備委員長、同店開店に伴い同年11月から現職。家族は妻と子3人（長男、次男、長女）。広島市生まれ。

Chapter 2

銀行業界最新事情

1

増え続ける預金、低下する預貸率

預貸率は全業態で低下

1990年代末期の金融危機後、金融機関が不良債権の発生を、何よりも恐れるようになったのは、怖い怖い金融庁検査を何事もなく乗り切りたいというマインドが蔓延したからだ。

池井戸潤さん原作のドラマ『半沢直樹』で、片岡愛之助さんが演じた、金融庁検査官・黒崎駿一は、デフォルメでもなんでもなく、かなり現実の検査官に近いといわれる。

黒崎のモデルとして名前が挙がっている、実在する金融庁職員も2名ほどいる。

東日本大震災のあとくらいから、金融庁は銀行に対し「リスクをとって融資をせよ」といい出した。

不良債権処理が峠を越えたのは2006年頃だから、健全性も回復できている。もうリスクをとれるだろう、というのが金融庁側の判断だったのだが、その一方で検査体制は従来のまま。

金融庁の口車に乗って、否、指導に従ってリスクをとった結果、不良債権が発生し、検査で絞り上げられたらたまったものではない。

加えて、中小企業の経営は甘くない。規模が小さい分、ちょっとの過剰投資が経営危機を招く。

銀行が貸したい有能な経営者ほど、設備投資に慎重で、なかなかお金を借りてくれない。

一方、預金はどんどん積み上がっていく。貸す先がないのに積み上がっていくので、預貸率はどんどん下がる。

結果、預貸率は銀行、信金、信組、労金、農協、

金融機関の預貸率推移

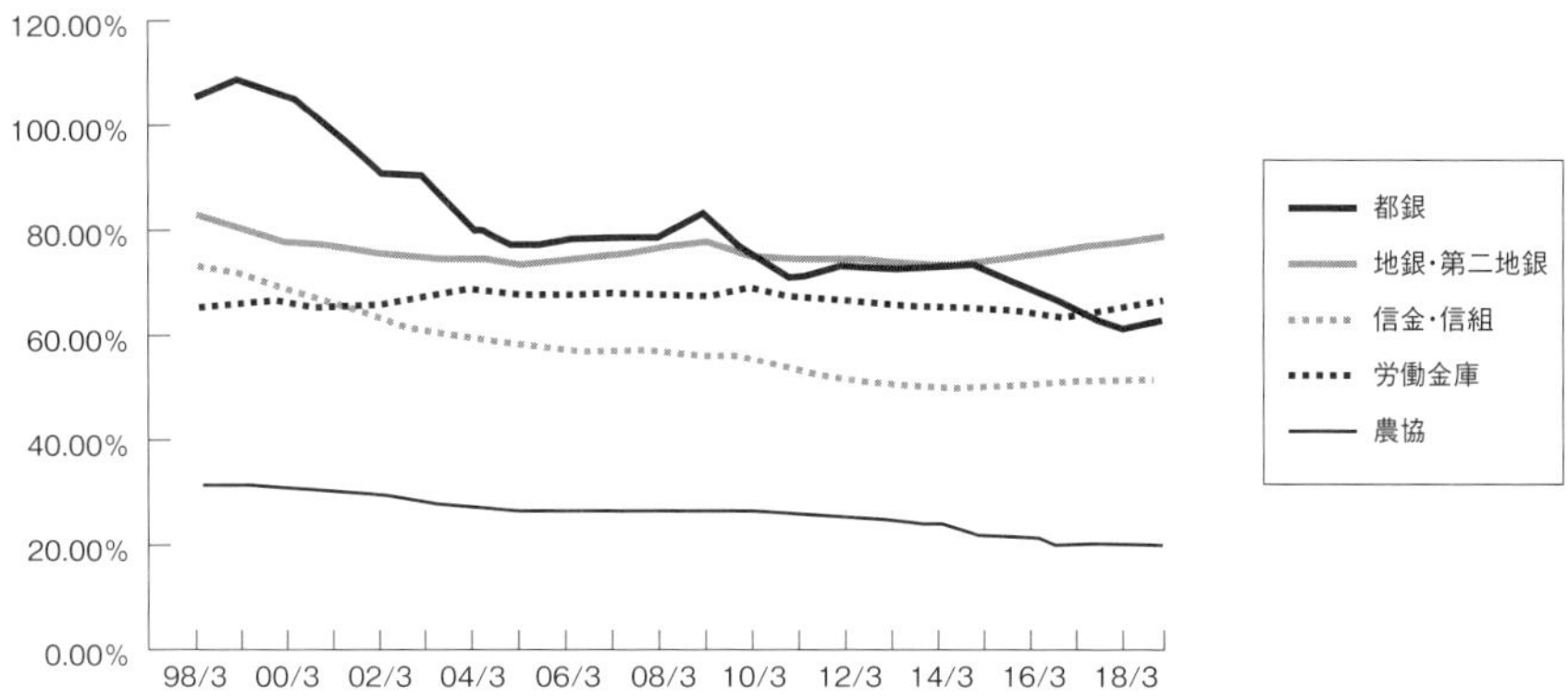

全国銀行協会、信金中金地域・中小企業研究所、全国信用組合中央協会、全国労働金庫協会、ＪＡバンク、ゆうちょ銀行公表資料より筆者作成

いずれの業態でも大きく下がった。

最も下落幅が大きいのは都市銀行。都市銀行という用語、報道レベルではもはや死語だが、金融行政上では今もバリバリの現役である。

あらゆる統計も〝都銀〟で作成されているので、本書では〝都銀〟という用語を使っていく。

本書執筆時点での都銀は、三菱ＵＦＪ、三井住友、みずほ、りそな、埼玉りそなの５行である。

都市銀行は１９９０年代末の金融危機当時、北海道拓殖銀行の破たんがあって、９行になっている。

その当時の預貸率は１００％を越えていた。預金以外の手段で調達した資金も融資に回っていたからだ。

それが不良債権の処理が進んで、融資残高が減っていくにつれてどんどん下がり、現在では６割強。

次に下落幅が大きいのは信金・信組。７割強から５割前後に落ちたまま、この６～７年は膠着状態が続いている。

都銀や信金・信組に比べると、地銀は下落幅が比較的小さい。運用手段が限られているということも

業態別預金残高推移

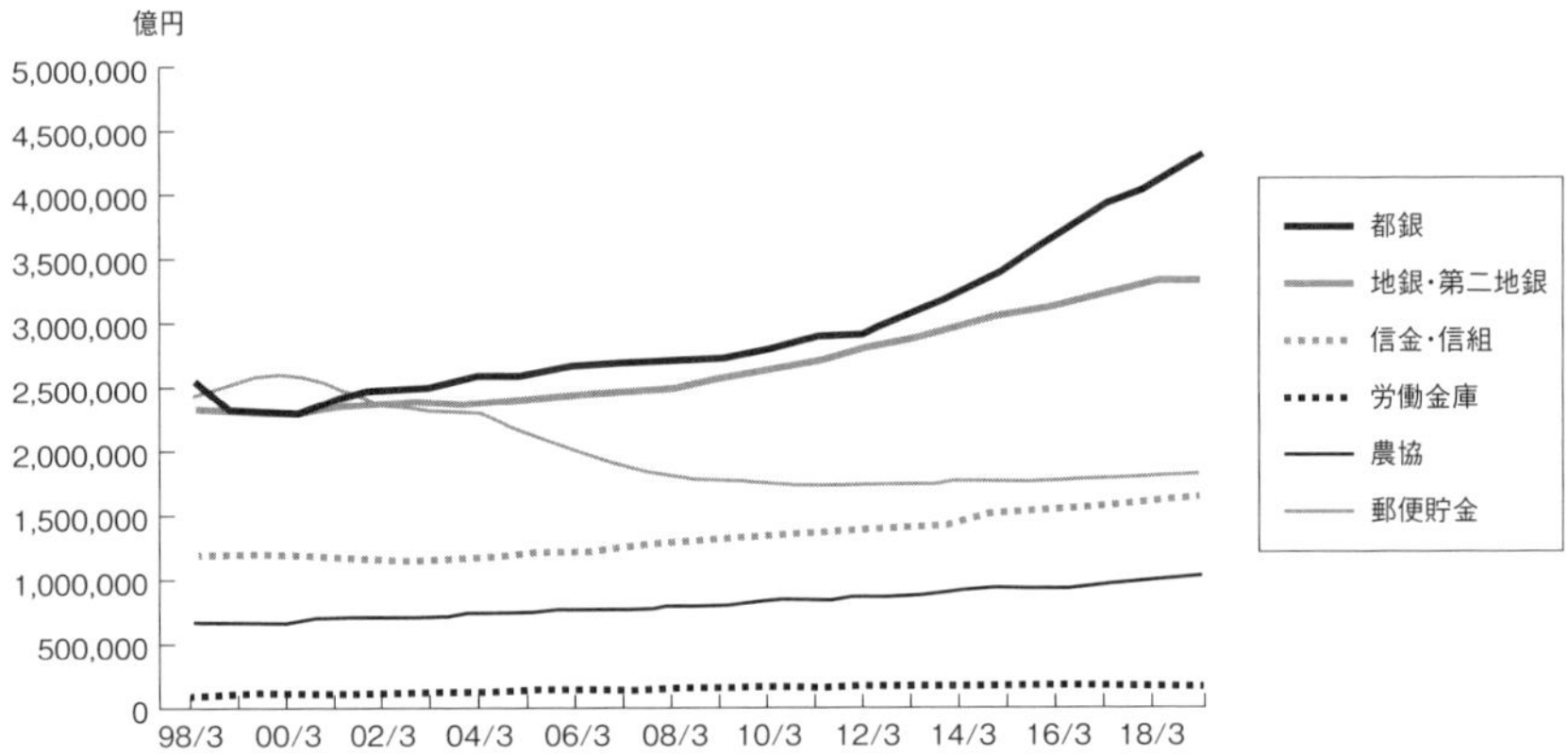

全国銀行協会、信金中金地域・中小企業研究所、全国信用組合中央協会、全国労働金庫協会、ＪＡバンク、ゆうちょ銀行公表資料より筆者作成

業態別貸出金残高推移

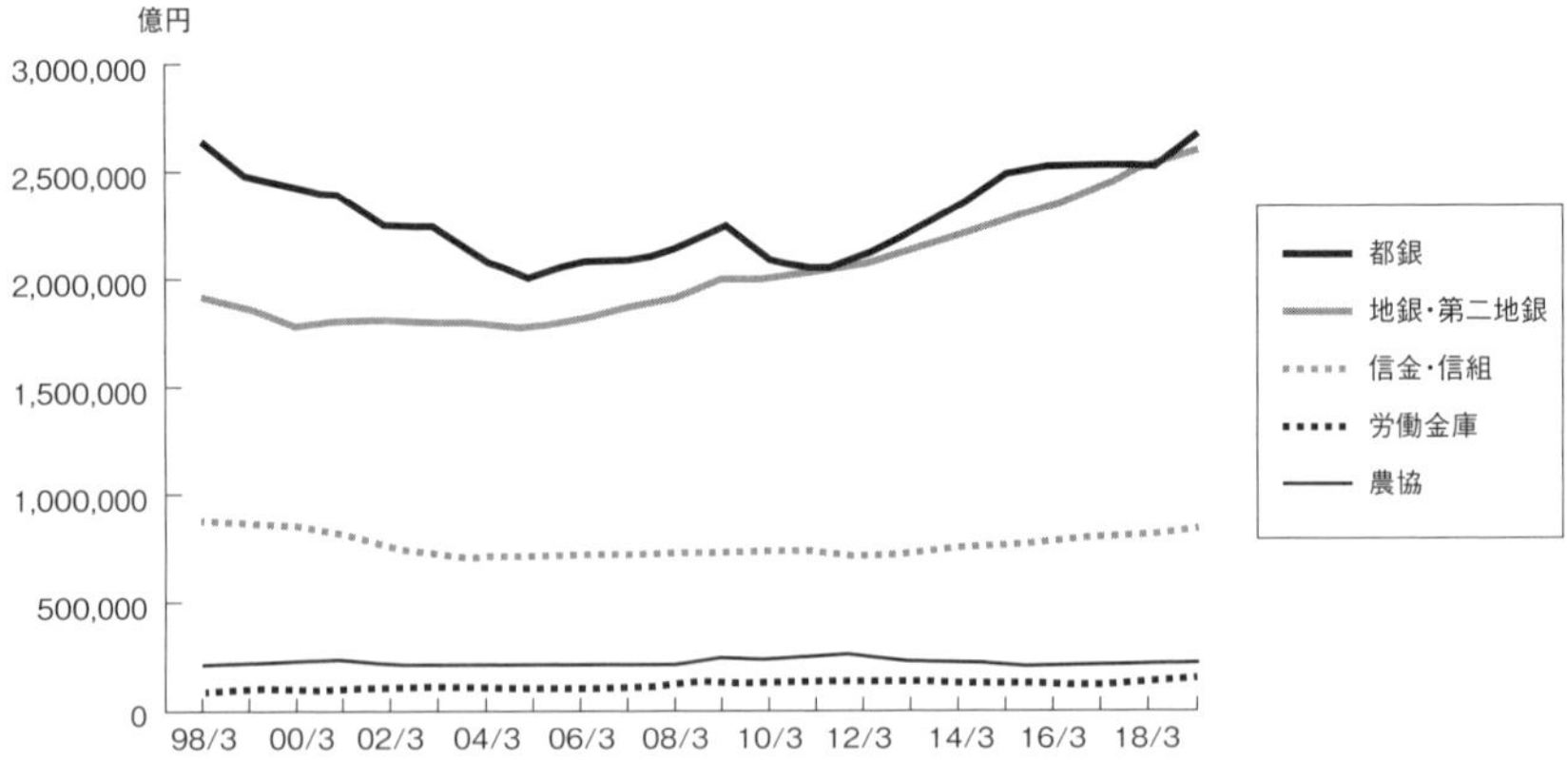

全国銀行協会、信金中金地域・中小企業研究所、全国信用組合中央協会、全国労働金庫協会、JAバンク公表資料より筆者作成

あるが、保証協会の保証付き融資を積極化することで、利幅は稼げないが、安全な融資に徹したからだろう。

もっとも、これが収益悪化の元凶であることも否めない。保証協会の保証付きの融資は、基本的に与信判断は保証協会がする。不良債権化したら、債務を被るのは保証協会なのだから、当然だ。

だが、それは地銀が与信判断をせず、与信リスクを保証協会に丸投げしているも同然だとして、これはこれで批判の対象になった。

だが、厳しい検査体制が維持される中での行動様式としては、全く非合理的な判断だったとまではいえない。

それではなぜ信金・信組は地銀とは異なる行動様式となったのか。これについては後述する。

もっとも、預貸率は大幅に低下しているものの、貸出残高自体は伸びているのだ。

どの業態も、2005年頃までは不良債権処理のせいで貸出残高は減少傾向にあったが、それ以降はほぼ一貫して伸びている。

にもかかわらず、預金の伸びが大きくて、貸出残高の伸びを大きく上回り続けた。

預金が増え続けている理由は様々あろうが、結局のところ、日本人の投資嫌いゆえといっていいだろう。

その投資嫌いも全く合理性がないわけではない。政府が国民を投資に盛んに誘導しようとしても、笛吹けど踊らず状態になっているのは、それだけ投資で損をする人が多いということなのだ。

欧米は個人向けの投資信託が比較的安全な投資商品として広く普及しているが、日本は投資信託で個人が多大な損失を被るケースが繰り返されている。

個別株式に投資する個人が多いのも日本の特徴だといわれるが、それは銘柄選びをプロに任せる投信で損をさせられるので、せめて自ら銘柄を選ぶ生株でならば、損をしても納得感があるからだとされる。

日本は政策が法人寄りであることから、個人投資家保護が先進諸国に比べ著しく立ち遅れている。

個人は一度痛い目に遭うと、銀行預金に戻ってきてしまう。それが全業態で預金残高が伸び続けてし

都銀の預金と貸出金の残高推移

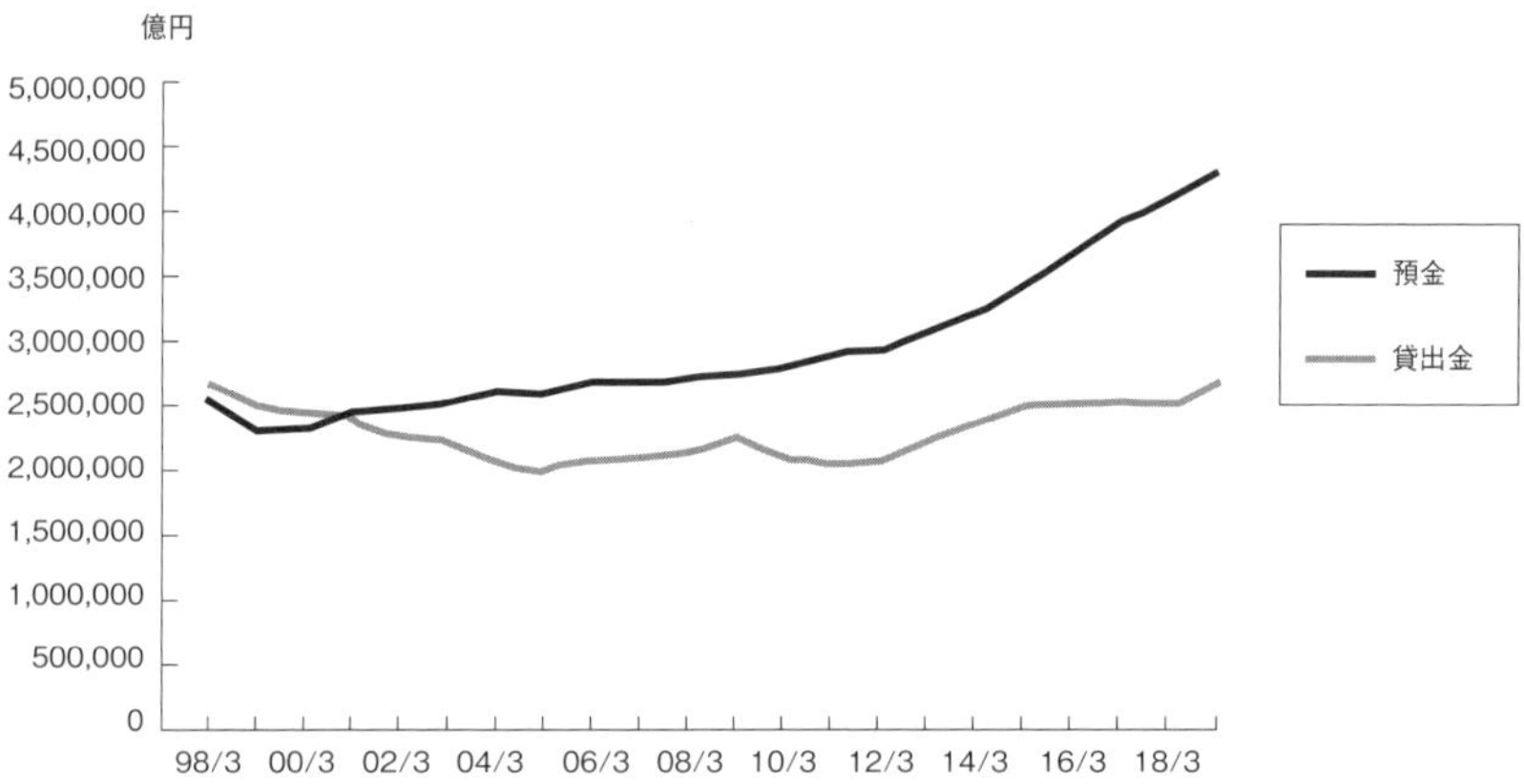

全国銀行協会公表資料より筆者作成

地銀・第二地銀の預金と貸出金の残高推移

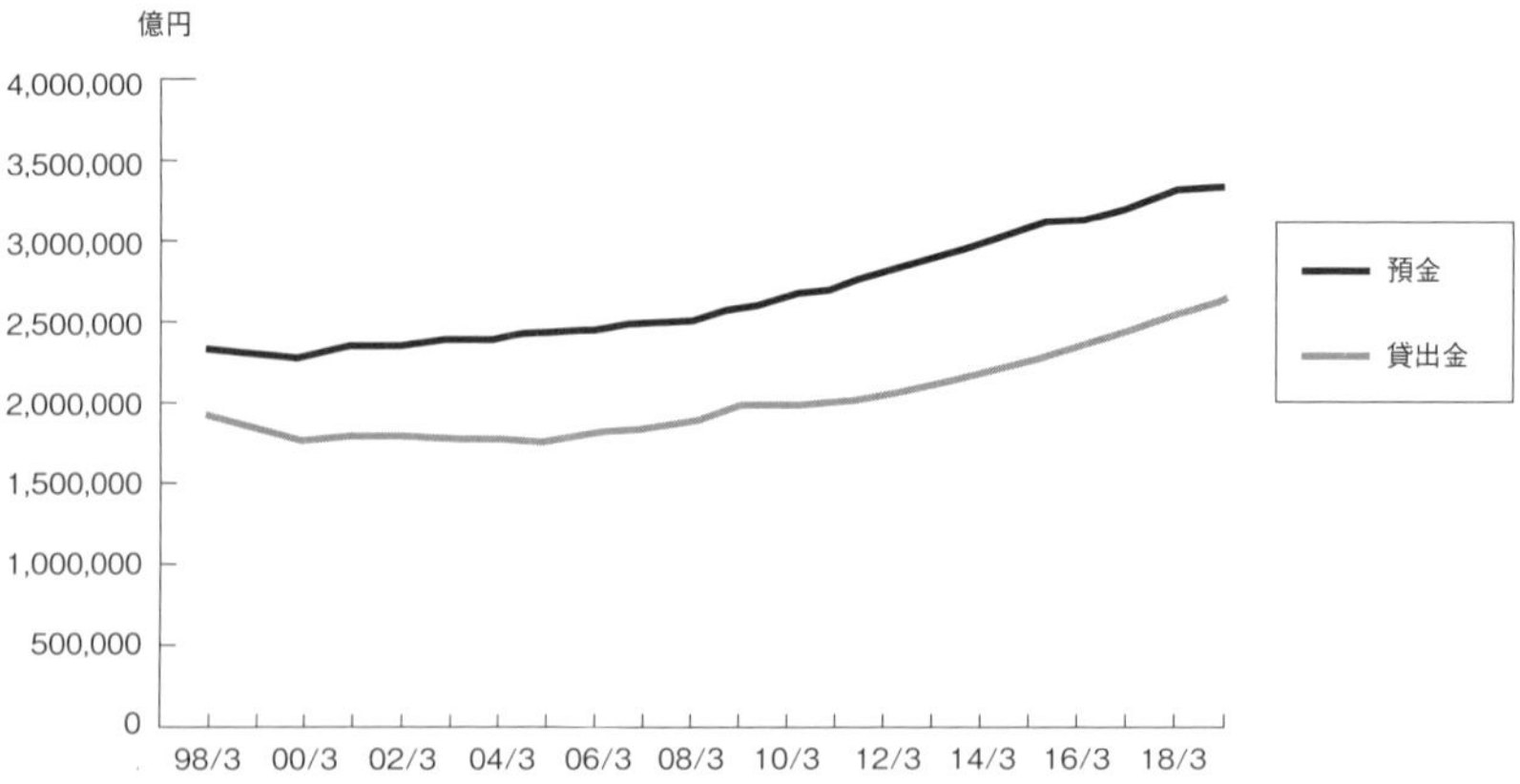

全国銀行協会公表資料より筆者作成

信金・信組の預金と貸出金の残高推移

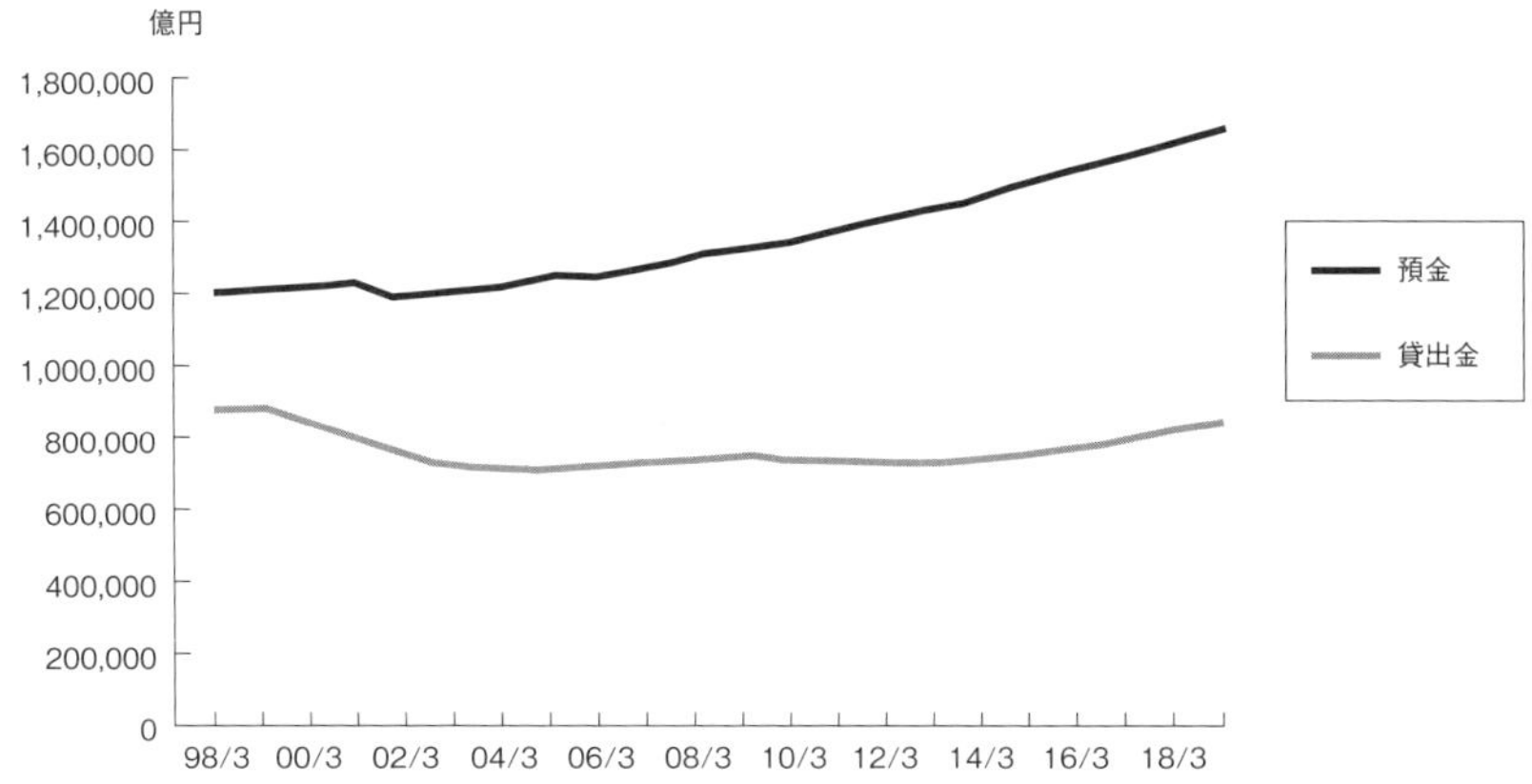

信金中金地域・中小企業研究所、全国信用組合中央協会公表資料より筆者作成

労金の預金と貸出金の残高推移

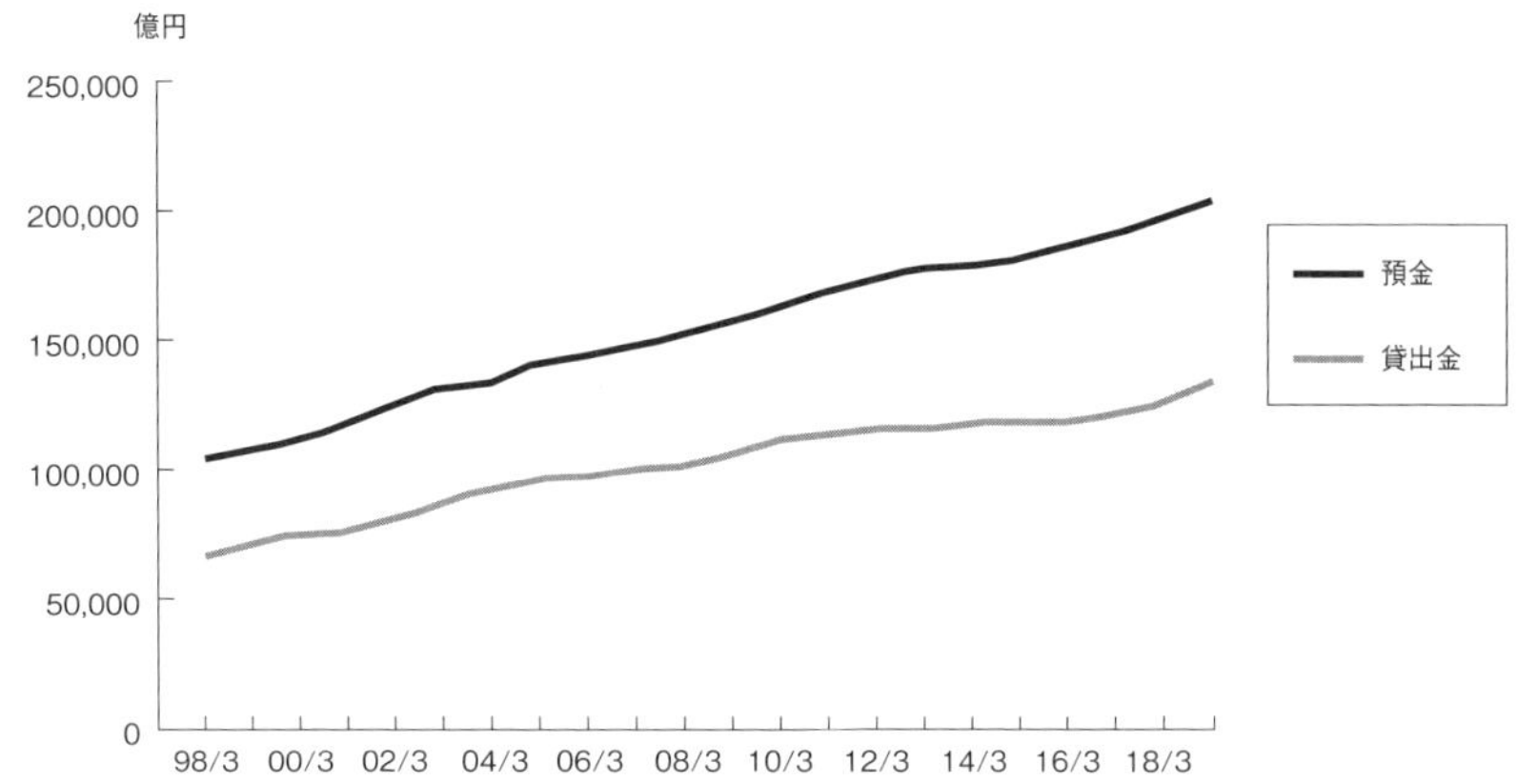

全国労働金庫協会公表資料より筆者作成

農協の預金と貸出金の残高推移

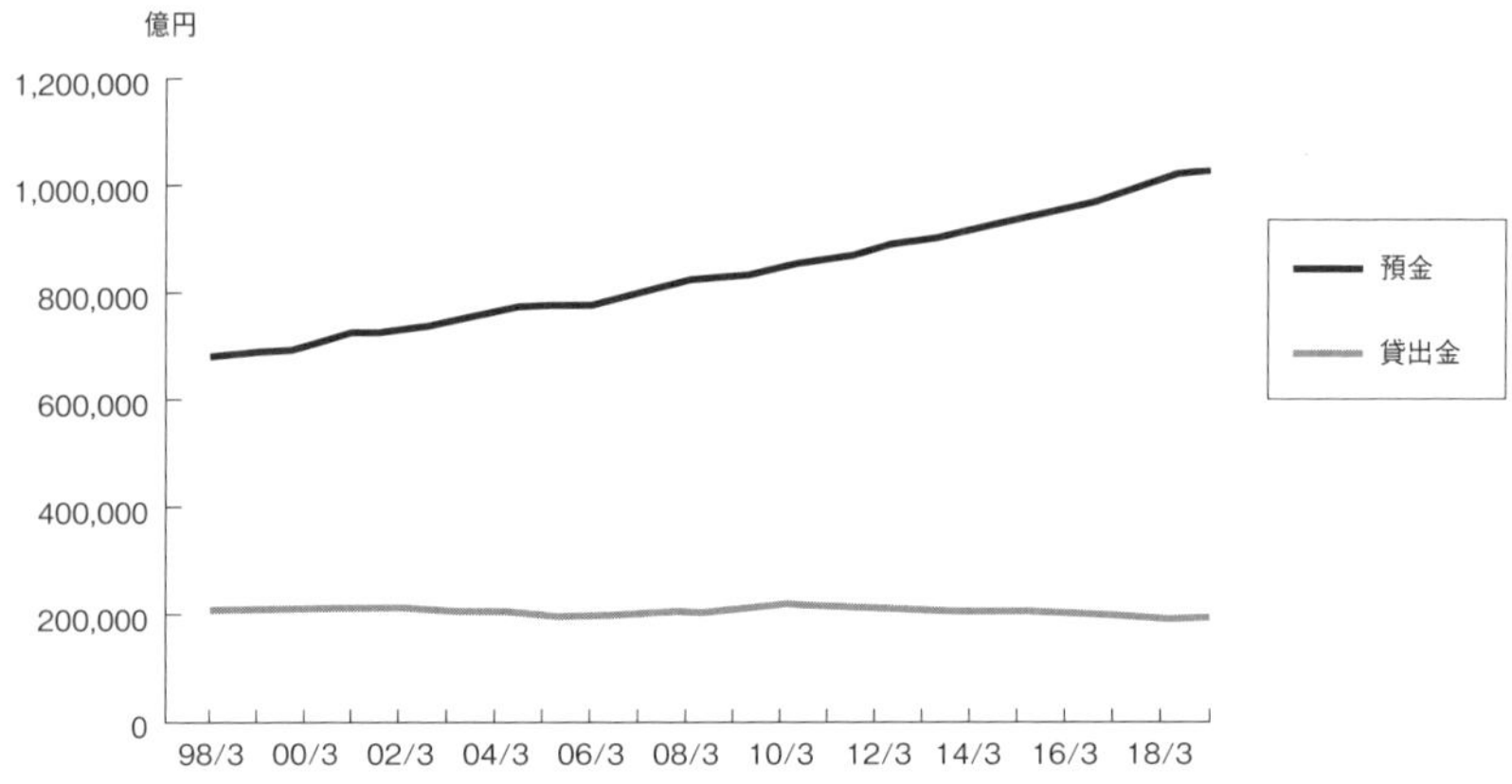

JAバンク公表資料より筆者作成

まう原因だろう。

預証率はピークアウト、預預率は上昇の一途

それでは、銀行は貸出に回さなくなったお金をどこへ回しているのか。

一時期は有価証券へのシフトが進んでいた。有価証券といっても株ではなく債券。それも国債や地方債、公社・公団債など。

都銀は2011～2013年までは5割を超えていた。地銀、第二地銀もこのあたりが預証率のピークだったが、その後は右肩下がり。

なぜか。日銀のゼロ金利政策及びマイナス金利政策で、債券の利回りが低下したからだ。

地銀、第二地銀、信金も都銀ほどではないが、一時期預証率が上昇したが、現在はピークアウトしている。

信組はリーマンショック後、若干上昇したが、そのままの水準を維持している。

貸出に回さなくなったお金は有価証券に回してい

金融機関の業態別預証率推移

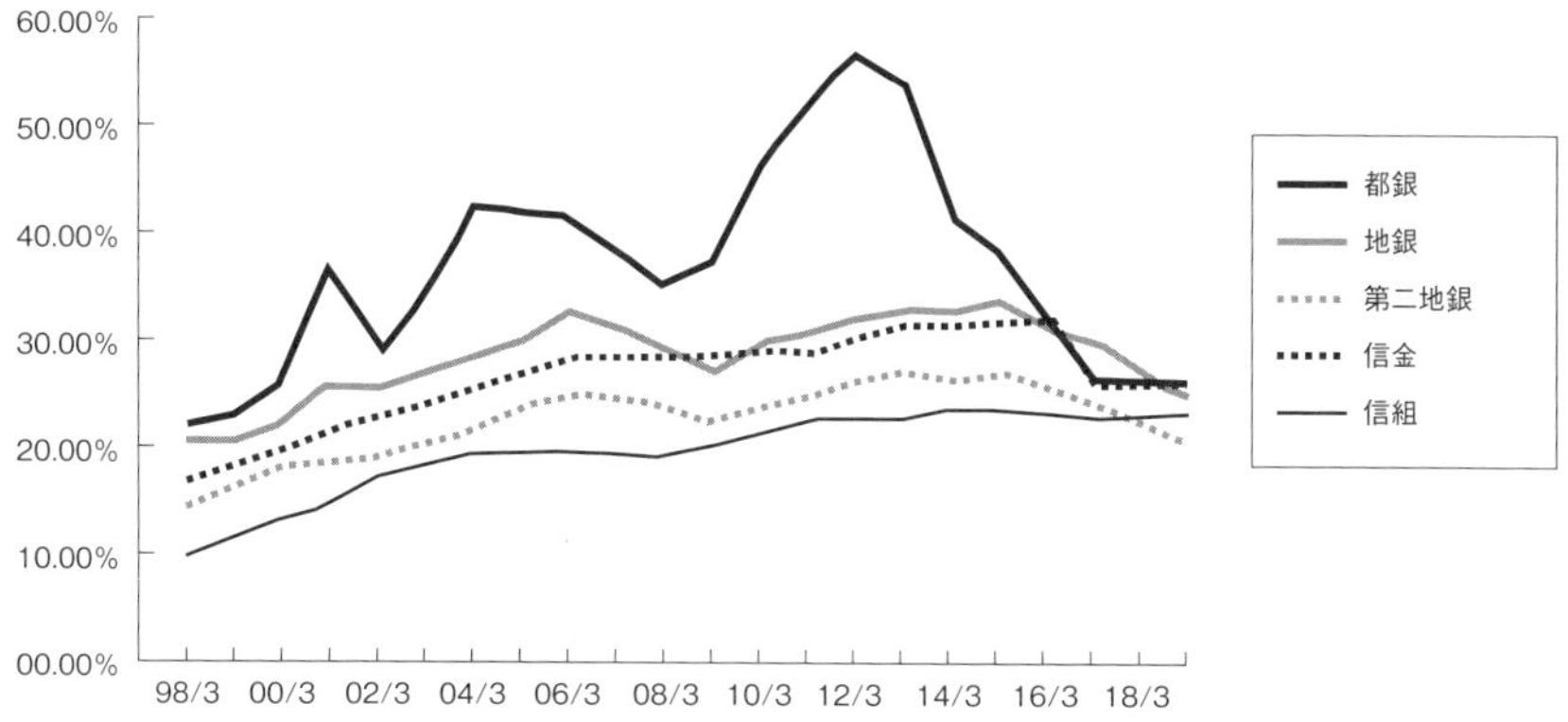

全国銀行協会、信金中金地域・中小企業研究所、全国信用組合中央協会公表資料より筆者作成

ないとすると、どこへ回しているのか。

答えは『預け金』である。

都銀は預け金残高が20年で10倍に膨らみ、２０１９年３月末時点では１６９兆６７２９億円。このうち１４０兆７７０６億円が日銀当座預金。

地銀も20年間で５・７倍増。２０１９年３月末時点の残高42兆５４９１億円のうち37兆６４１７億円が日銀当座預金。

第二地銀は都銀、地銀ほどの増加率ではないが、それでも20年間で３・７倍増。２０１９年３月末時点の残高７兆３４３３億円のうち６兆４０２６億円が日銀当座預金。

信金は20年間で２・８倍増だが、２０１９年３月末時点の残高37兆６８４７億円のうち30兆５６６５億円が信金中金への預け金。

信組も20年間で倍増だが、２０１９年３月末時点の残高７兆３６３６億円のうち６兆９９０８億円が全信組連への預け金である。

信金にとっての信金中央金庫（略称信金中金）、信用組合にとっての全国信用組合連合会（略称全信

金融機関の業態別預預率推移

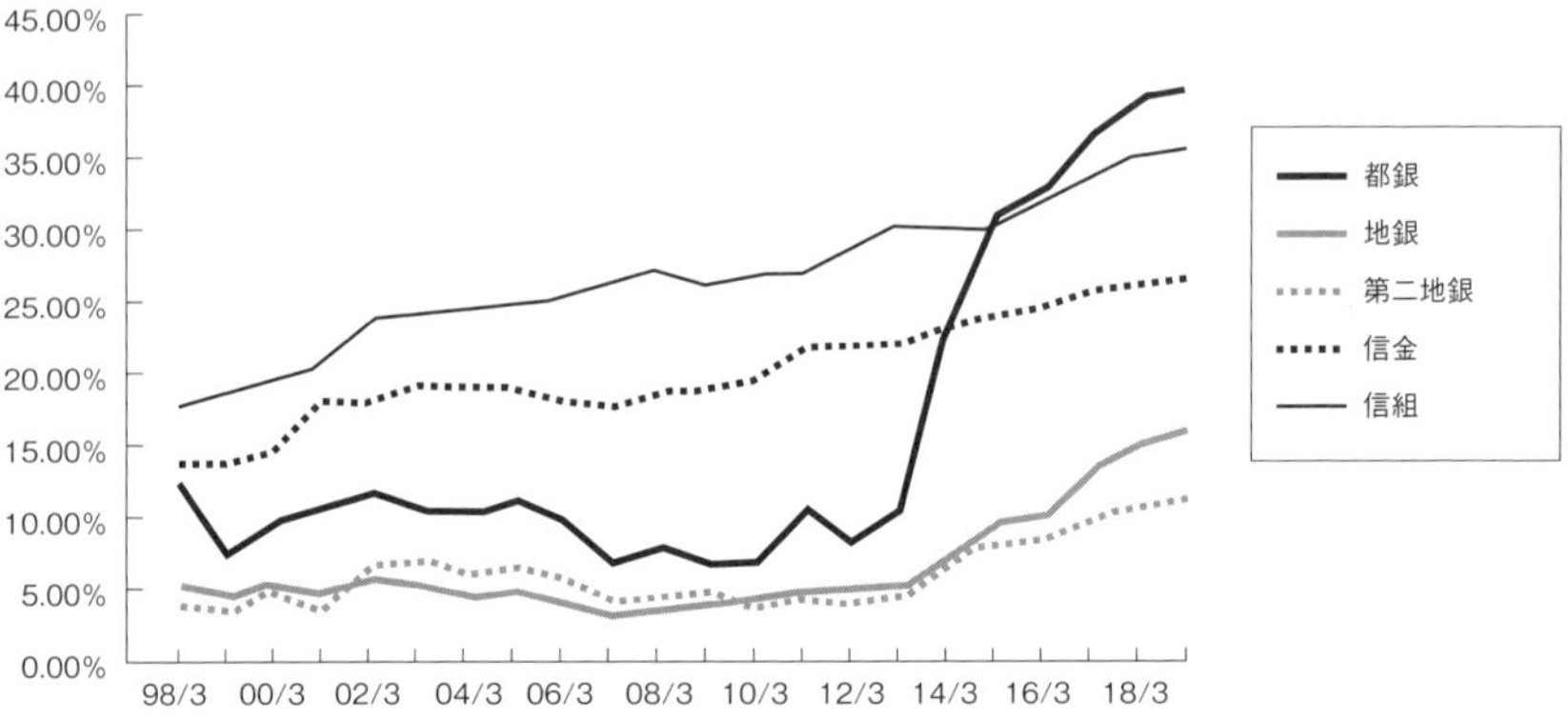

全国銀行協会、信金中金地域・中小企業研究所全国信用組合中央協会公表資料より筆者作成

業態別日銀当座預金残高推移

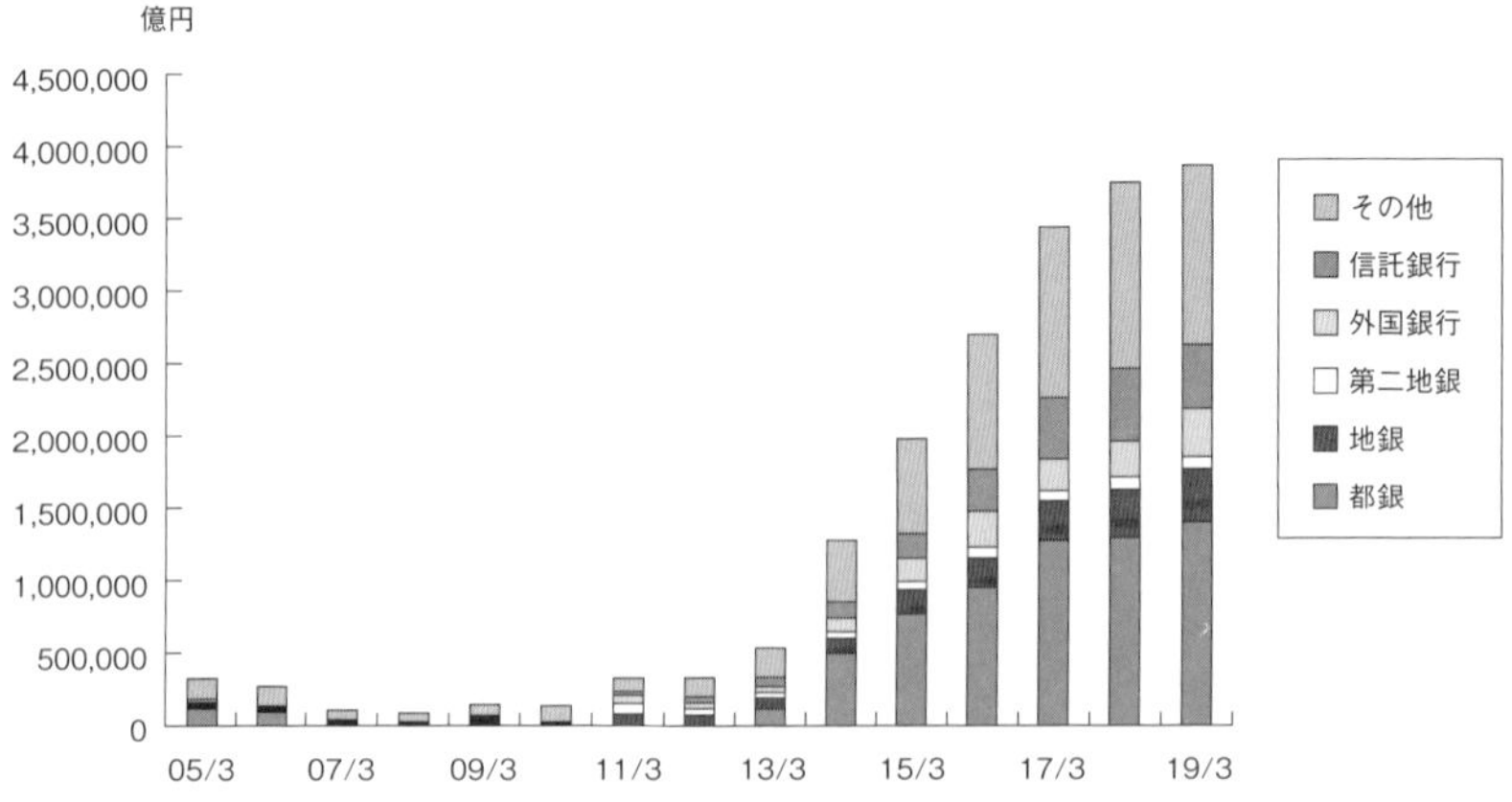

日銀公表資料をもとに筆者作成

組連）は、いずれも中央機関。

中央機関は上部組織ではなく、信金・信組を前面的にサポートをする組織で、自身も金融機関免許を持つ。

各信金・信組から預かったお金を運用し、利息を還元する。中央機関から支払われる利息は、各信金・信組の預金者や、会員、組合員（＝出資者）への配当に回される。

銀行は株式会社だから、日銀にこんなに資金を寝かしておかずに、企業と向き合って貸出機会を探し出し、融資をせよ、リスクがとれないというのなら、再編でコストを下げて、リスクがとれる体質になれ、と金融庁は発破をかけている。

一方、信金・信組への金融庁の対応は異なる。やはり企業と向き合い、貸出機会を探し出して積極的に融資をせよ、とはいっている。

中央機関頼みの体質を良しとはしているわけでもないのだろうが、これ以上減らすと地域の預金受入機能に支障が出ると考えているらしく、必要な再編は一巡したと見ているようだ。

検査マニュアル廃止の衝撃

積極的にリスクをとれという一方で、検査は厳しい。この状況は、なかなかリスクをとろうとしない銀行に、その口実を与えていた面があったことは否定できない。

その口実を奪うかのように、２０１８年７月、金融庁が組織を大きく変え、検査局を廃止した。

さらに、２０１９年12月からは検査マニュアルも廃止になった。

検査マニュアルは、不良債権を銀行の〝自己査定〟によって分類し、その分類に応じて貸倒引当金も厳格に積んでいくことを目的にしていた。

検査はマニュアルに記載されている通りのルールで引当金が積まれているかどうかをチェックするものだった。

反面、引当金は銀行の業績にとってマイナス。極力引当金の計上は抑えたいという心理が働き、担保や保証への依存を生み、銀行の審査能力を衰えさせ

金融庁の組織（令和元年7月）

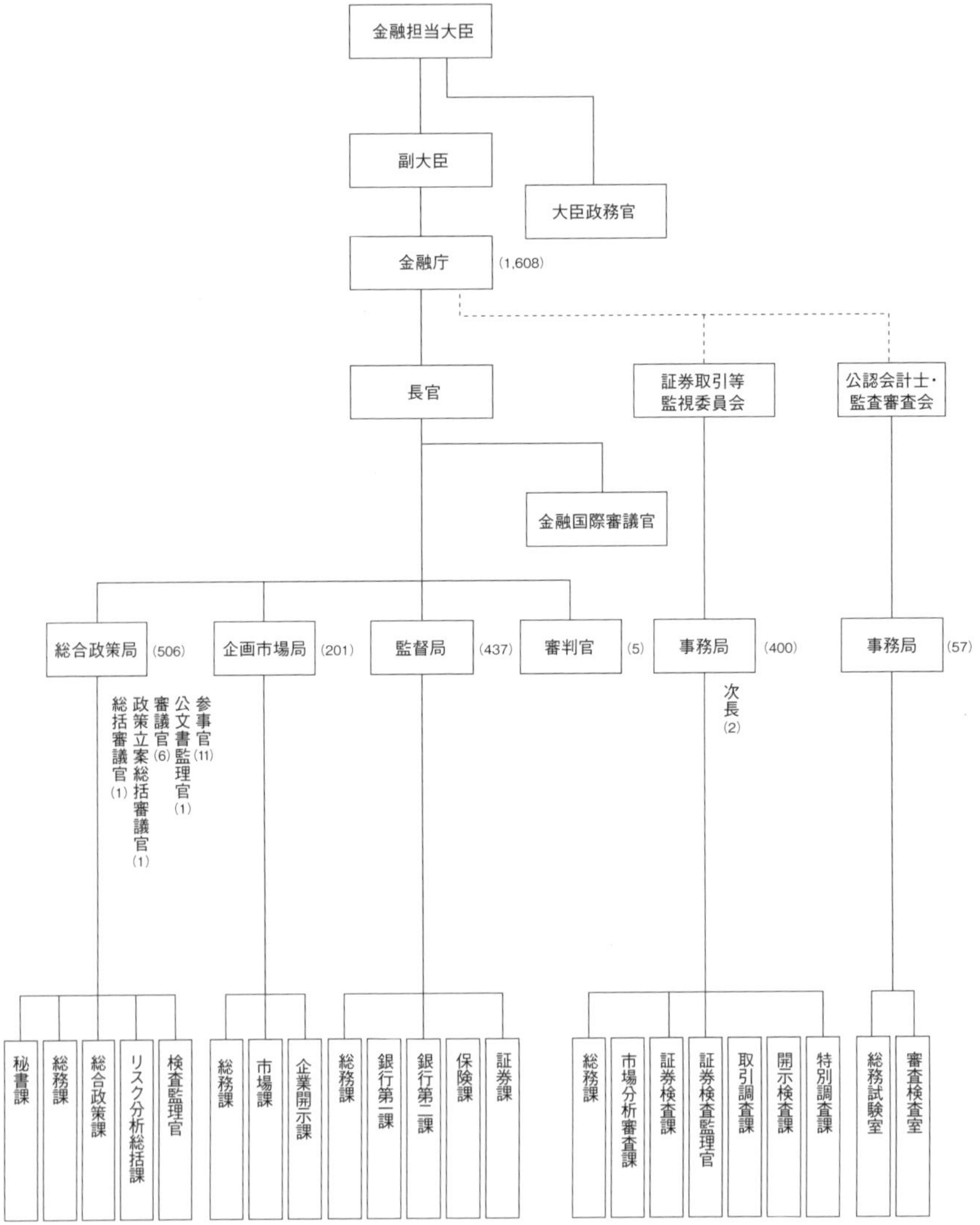

※ 数字は、令和元年7月1日現在の定員。
※ 審議官のうち1人、公文書監理官、次長のうち１人、公認会計士・監査審査会事務局長は充て職。
出所：金融庁

たという批判も出ていた。

今後金融庁は、「独自の経営理念に基づく経営戦略があることを理解し、個性や特性に着目した検査・監督を行っていく」のだそうで、「ビジネスモデルの持続可能性を確認し、各地域や産業別にリスクを評価できるようにする」という。

貸倒引当金を積む基準も、今後は融資先の将来性を重視し、その経営リスクに応じた引当金を、銀行の裁量で柔軟に積めるようにするのだという。

美しいが、現場はけっこう困惑している。つっこまれる基準がわからなくなったからだ。

実は最も困っているのは監査法人。国内銀行の大半は上場している。監査法人は金融検査マニュアルの基準に従って、正しく引き当てが積まれているかどうかを監査してきたのだから、その頼みの基準がなくなってしまうと、何を基準にすべきかがわからなくなる、というわけだ。

金融庁は、マニュアル廃止後も「従来の引当実務を否定しない」といっているので、結局のところ、どこか突き抜けた銀行が前例を作らないと、従来通りの基準を踏襲することになりそうだ。

2 低下する収益力

全ての業態で業務純益がのきなみ大幅減

銀行の本業の儲けを示す業務純益。詳しい定義はChapter4を参照してもらうとして、この業務純益が、どの業態でもここ数年大幅に縮小している。

大半の銀行は2014年3月期に過去最高の当期純利益を達成しているのだが、これに大きく貢献したのは、貸出ではなく株高による有価証券関連の利益と、好調な企業業績による貸倒引当金の減少。

過去の金利が高い時期に発行された、国債をはじめとする債券の利益が、業務純益を押し上げたのが2015年と2016年の3月期。

だが、その業務純益も翌2017年3月期以降、右肩下がりに転じた。

業務純益縮小の原因は、貸出で稼ぐ金利収入が大きく減っているから。

銀行の収入はなんといっても融資で稼ぐ金利が柱。その柱の金利が稼げなくなった。

なぜか。2016年2月以降の日銀のマイナス金利政策によって、市中の金利水準は下がっているわけだから、資金の調達原価は当然に下がる。

市中の金利が下がったからといって、それだけで利鞘が縮小するわけではない。

貸出競争の激化で、貸出利息の引き下げ競争になり、資金の運用利回りの低下が加速。調達原価の下げ幅を超えてしまったのだ。

貸したい相手はどこも同じ。お金に色はついていない。付加価値がつけられなければ当然に価格競争、つまり金利の引き下げ競争が起きる。

金融機関の業態別業務純益推移

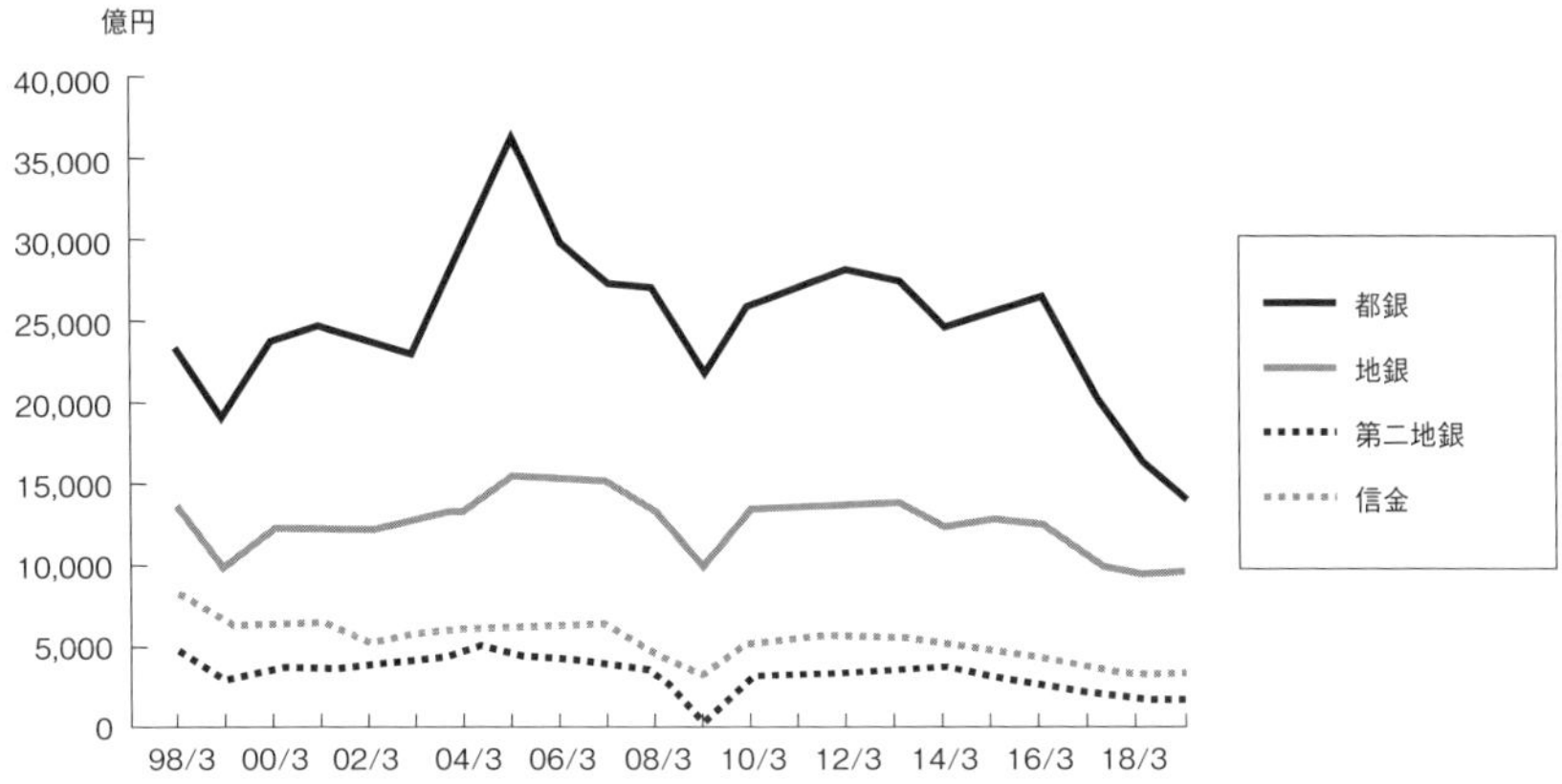

全国銀行協会、信金中金地域・中小企業研究所公表資料より筆者作成

Chapter1で登場していただいた、広島市信用組合は、融資の申込みを受けてから、返答をするまでに基本3日間という付加価値をつけることで、金利競争から距離を置くことに成功している。

このほか、融資の出し方で差別化を図るなど、金利競争から距離を置く方法がないわけではないが、常にそれが可能なわけではない。

資金調達原価をお金の仕入値とするならば、資金運用利回りは、いわばお金の売値。

例えば都銀の資金運用利回りは過去21年間で1・66ポイントダウン。資金調達原価は21年で1・42ポイントダウンだから、差引0・24ポイント利鞘が縮小したことになる。

小数点以下2桁以下の世界の話なので、ピンとこないかもしれないが、銀行は動かしているお金のグロスが大きい。

そしてこんな単位で利益を見ているのである。

金融機関の業態別総資金利鞘推移

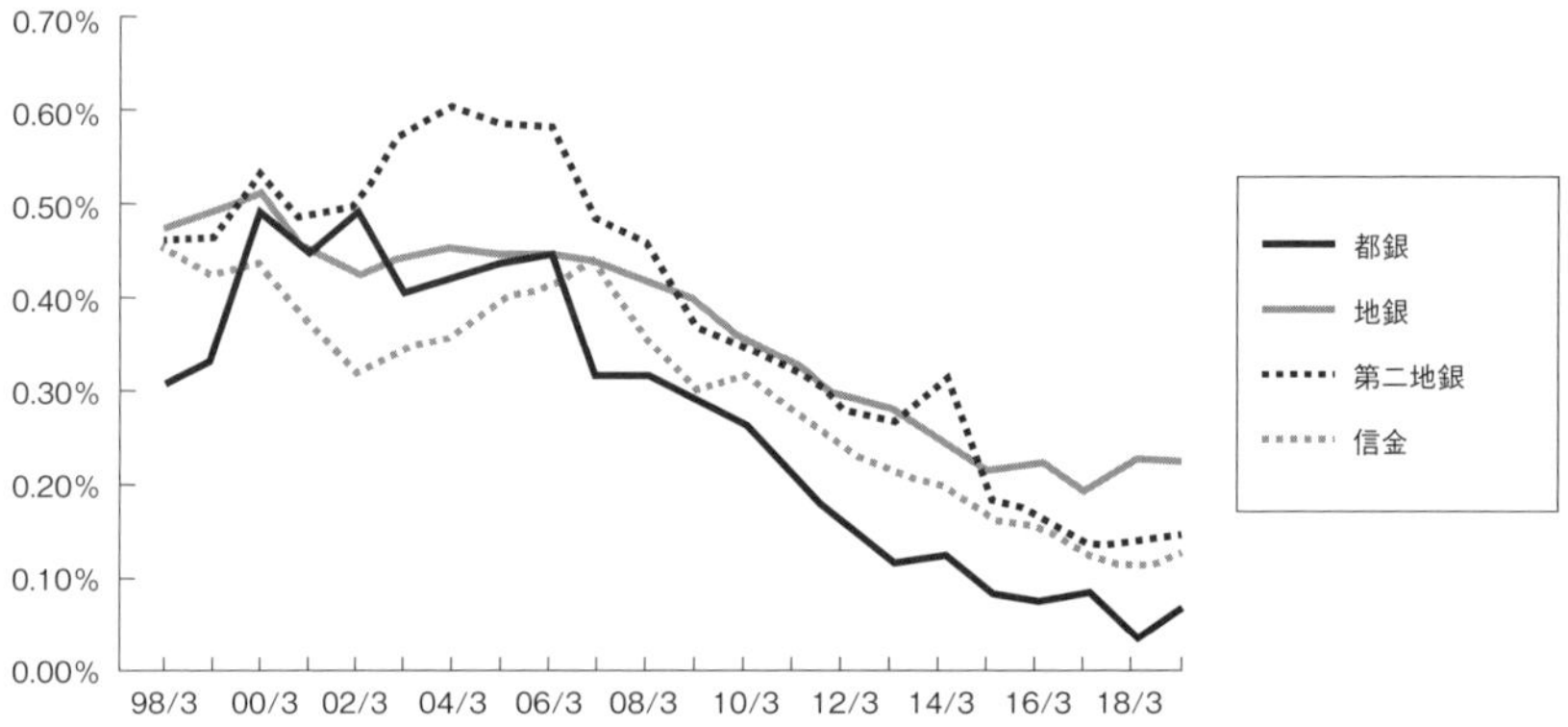

全国銀行協会、信金中金地域・中小企業研究所公表資料をもとに筆者作成

金融機関の業態別資金運用利回り推移

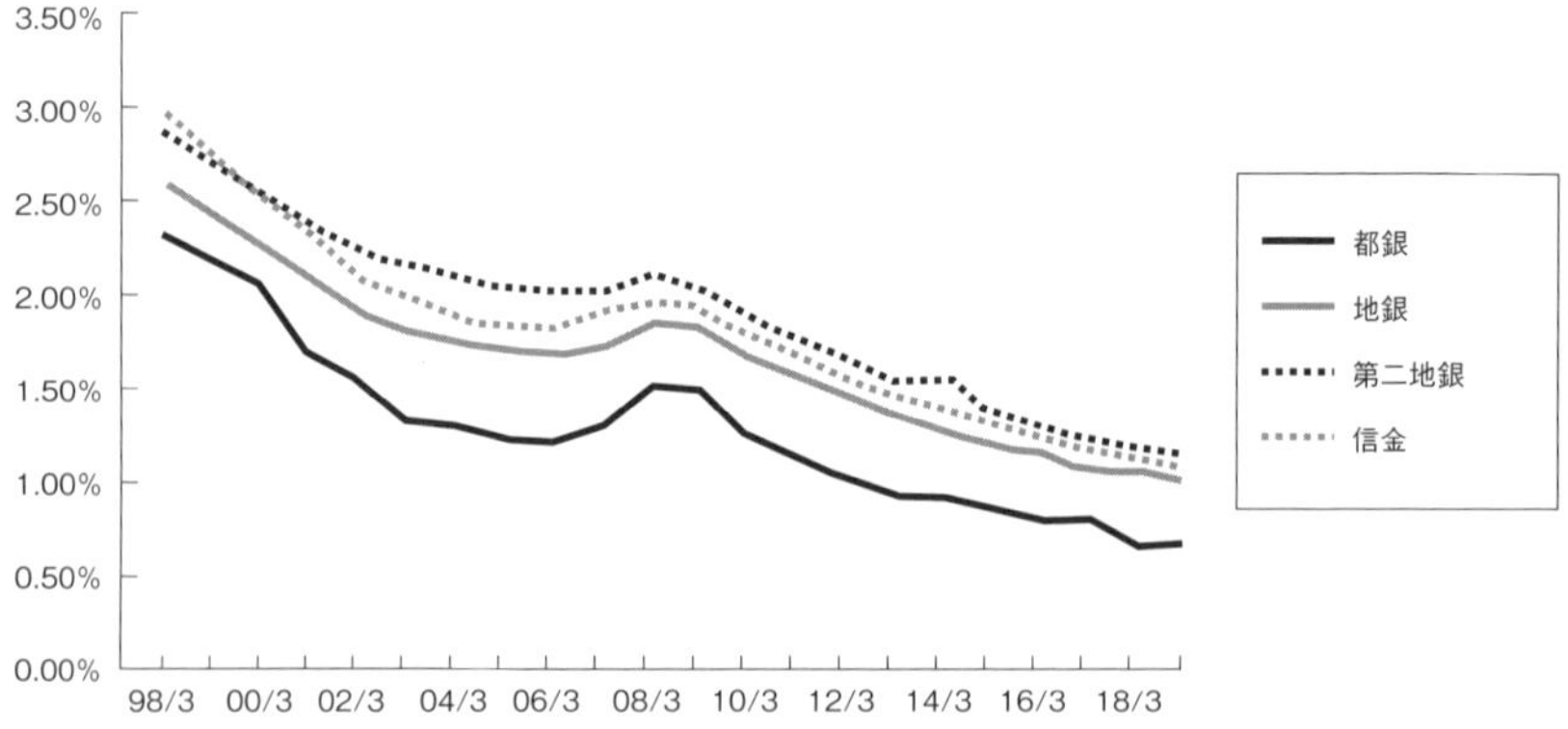

全国銀行協会、信金中金地域・中小企業研究所公表資料をもとに筆者作成

金融機関の業態別資金調達原価推移

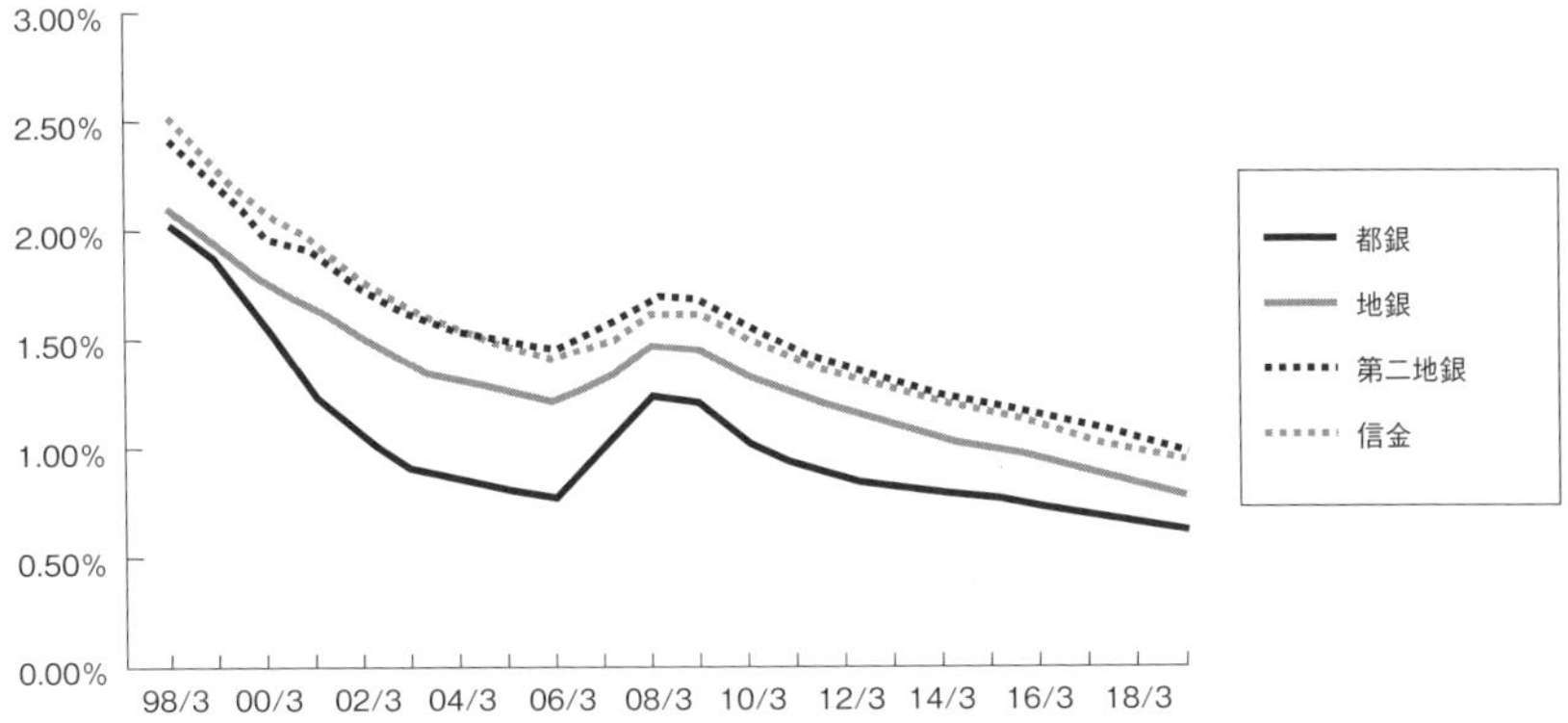

全国銀行協会、信金中金地域・中小企業研究所公表資料をもとに筆者作成

地銀の手本・スルガ銀行が手を染めた禁じ手

貸したいのに貸せる先がない。あっても金利競争が激しくて儲けが出ない。

全国の金融機関がそんなジレンマに陥る中、禁じ手に手を出してしまったのが、かつては地銀の手本とすらいわれたスルガ銀行。

スマートデイズという不動産会社が、女性専用シェアハウス『かぼちゃの馬車』の建設から賃貸管理まで請け負うことをウリに、投資家に物件を販売。その購入代金をスルガ銀行が融資をしていたのだが、その融資が不正融資だったというもの。

スマートデイズは投資家にシェアハウスを販売した後、賃貸管理業務を請け負うだけでなく、サブリースで投資家からシェアハウスを借り、30年間も賃料保証をする。

投資家にしてみれば、自分で賃借人を探さなくていい。スマートデイズからの入金でスルガ銀行に借りたお金を返済できるはずだった。

ところが、入居者が思うように集まらず、2018年1月にスマートデイズからオーナーへの賃料支払いがストップ。

こうなると投資家はスルガ銀行への返済ができなくなる。

しかも、かぼちゃの馬車の建築コストは異常に高かった。なにしろスマートデイズが、建築発注先の工事会社から、建築工事代金の半額をコンサル料として受け取っていたのだ。

つまり、発注額は倍に水増しされていたことになる。その水増しされた建築費用をスルガ銀行は融資していたわけで、実際にでき上がる建物の価値が、工事代金の半分程度でしかないのに、スルガ銀行は融資をしていた。

そのうえに、スマートデイズは買ってくれる投資家が融資の審査に通らないと、物件は売れないのだから自分のフトコロにお金が入らない。

ゆえに投資家のプロフィールを融資が通りやすいように改ざんしたりもしていたそうなのだが、スルガ銀行の担当者も、そこに気づいていながら審査を通していたらしい、というのだ。

ノルマに追われて禁じ手を使った代償は大きく、2019年3月期は971億円の最終赤字に沈み、投資家が物件を手放すことを条件に、約2500億円の投資家向け融資の全額を債権放棄することも決めた。

西武信用金庫でも投資用不動産融資で審査が通りやすいよう、審査書類の偽装、改ざんしたことが発覚している。西武信金もまた、積極的な融資姿勢で〝信金の旗手〟といわれる優良信金。

スルガ、西武信金の不祥事発覚で、2018年まで銀行業界全体に融資残高の伸びを牽引してきた投資用不動産向け融資に、銀行業界全体が一気に慎重になった。

投資用不動産の販売業者の業績に急ブレーキがかかったことはいうまでもない。

もっとも、他行では、「なぜあんなに融資残高を伸ばせるのか」といった声は以前から出ていたらしい。同業者として、貸せる案件はさほど多くはないことを日々実感しているからこその感覚だ。

「地銀の4割が本業赤字」とは

「2019年3月期の地銀の4割が本業赤字」という記事を目にしたことがないだろうか。

この記事は2019年8月下旬に出た記事で、金融庁が集計した結果、そうなったといっている。

おそらく2019年3月期の決算の確定値が出そろい、それを金融庁が集計、分析し終えた時期が、8月だったということだろう。

この記事を素直に読んだら、「業務純益か、その親戚らしきコア業務純益とか実質業務純益とか、そのあたりの利益が赤の地銀が4割もいる」と勘違いする人が出てきてもおかしくない。

この本業の利益を示す各用語の定義については、詳しくはChapter4をご覧いただきたいのだが、この記事でいっている「本業の利益」は、業務純益でもコア業務純益でも実質業務純益でもない。

実際、2019年3月期決算でこれらのいずれかが赤字になった地銀は1行しかない。

だが、記事は「貸出と手数料収入で得た本業の利益は、105行（2019年3月末時点）の約4割で赤字だった」といっている。

実は、この貸出と手数料収入で得た、というところがこの記事のミソ。

詳しくはChapter4の銀行の損益計算書で確かめてみてほしいのだが、銀行の本業の「入り」は貸出利息と手数料収入だけではない。債券の運用で手にした運用益も「入り」である。

この有価証券運用で手にした運用益は「入り」から除外する一方で、かかる経費は全部差し引くと、確かにマイナスになる銀行がけっこう出てくる。

実は2019年3月期は、日銀のマイナス金利政策が効き、市中金利が引き続き低下している影響で、債券の運用で損を出している地銀がけっこう多い。

むしろ債券運用損益を業務純益からはずしてもらったほうがプラスに作用するのだが、どうも何行か試算してみると、貸出や手数料収入を得るのにかかる原価だけでなく、それ以外のコストも入れ込んで赤字といっているフシがある。

要は、貸出と送金手数料などの手数料収入だけで、業務にかかる全経費をまかなえない銀行が4割ある、と金融庁はいいたいのだ。

逆にいえば、6割の地銀はまかなえているということだ。

もっとも、今後も収益力の低下が止まらなければ、早晩本当に業務純益やコア業務純益、実質業務純益が赤字に転落する地銀が出てくるのは間違いない。

少々金融庁によるブラフくさいが、それだけ金融庁は本気だということだろう。

最近は業務純益ではなく、コア業務純益を重視する論調も目立つ。

本業での収入を表す業務収益から、本業で使った費用である業務費用を差し引いたものが実質業務純益。そこから一般貸倒引当金を差し引いたものが業務純益だが、コア業務純益は実質業務純益から、債券関連の損益を差し引いたもの。

つまり、債券関連の損益の底上げで業績を維持しても認めない、ということだろう。

預金保険料率に可変料率導入？

預金保険料率とは、預金保険の対象となる預金を取り扱っている国内銀行が、預金保険機構に納めている保険料。

金融機関が破たんした際に、預金者に最大1000万円支払われる保険金のようなもので、現在は預金残高に毎年見直される一定料率を掛けた金額になっている。

銀行不倒神話が信じられていた頃は、保険料率はほぼ一定だったが、平成バブル崩壊以降急上昇。ようやくここ数年、毎年保険料率が引き下げられてきている。

つまり、預金残高比例なのだが、これを経営の健全性に応じて料率を変えようというのが可変料率制。

2019年8月28日公表の金融行政方針の中で金融庁が明らかにした。

具体的な検討はこれから、というのが金融庁の見解だが、料率が高い銀行を個人や企業が敬遠する可

預金保険料率の推移

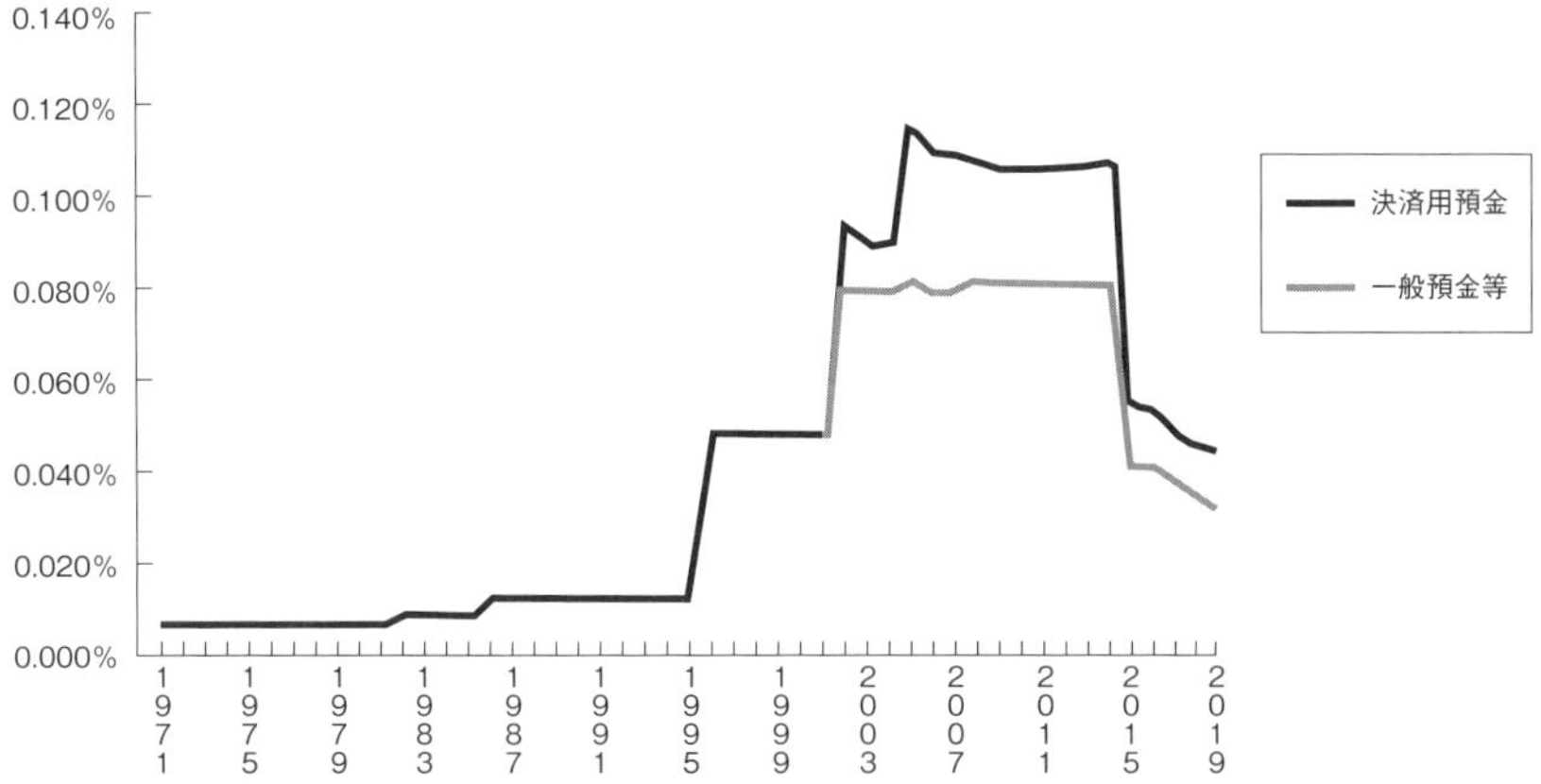

預金保険機構公表資料から筆者作成

能性は否定できない。

これも、収益力を高められない銀行は、保険料率を上げるぞ、という金融庁のプレッシャーの1つということだろう。

もっとも、利益を稼ぐことをミッションにしていない協同組織金融機関（信金、信組、労金など）も預金保険の対象。

収益力が低いからといって、協同組織金融機関の保険料率を上げるということは、金融行政の方針に反する。

協同組織金融機関だけ優遇すれば、地銀は反発するだろう。とはいえ、協同組織金融機関は税の優遇も受けているので、可変料率制を本当に導入するとなったら、協同組織金融機関は可変料率制度の適用対象外にするしかないだろう。

預金は銀行にとって迷惑なのか

利益を追求する株式会社組織の銀行にとって、預金は預かっても使い道がない。持っているだけでコストがかかる。

となれば、銀行にとって預金はありがた迷惑なものということになる。

実際、周囲の友人の銀行員から預金協力を求められる機会はめっきり減っているはずだ。

筆者が学生だったおよそ40年近く前は、大学の先輩たちが、就活で銀行へ行ってくるたびに、預金口座の開設を求められた。

だが、今や預金は預かっても使い道がない。報道では「預金はありがた迷惑」といった匿名のコメントをよく見かける。

金利のつかない日銀当座預金残高の急増ぶりを見ると、ありがた迷惑だというのはホンネなのだろうと思う。

反対に、今でも積極的に預金獲得に動いているのが信金と信組。信金・信組と銀行とでは、全く置かれている状況が違うのだ。

というのも、前述した通り、信金や信組は、貸出に回せず余ったお金は、中央機関への預金に回している。

余ったら託す機関を持っているのが信金・信組であり、預金を受け入れ、利息を付けて預金者に還元することが彼らのミッションだ。

余ったら託す先がある信金・信組に、預金を迷惑がる文化はタテマエ、ホンネを含めて全くない。

そして実際に逆ざやにならない仕組みができ上がっている。もっとも、中央機関が稼ぎ続けられればという前提があっての話なのだが。

3

金融行政の最優先テーマは地銀再編

全ては森ペーパーから始まった

今や金融庁による地銀へのプレッシャーが新聞に載らない日はない。

地銀が標的になっている理由は、なんといってもその中途半端な立ち位置ゆえだろう。

地銀は都銀同様、株式会社である。当然利潤を追求しなければならない。

地方を根城にしているとはいえ、許可をとれば全国どこへでも支店を出せる。特定の地域にしか出店できない信金・信組とはそこが違う。

信金・信組は利潤追求は第一義ではなく、利潤は健全性を損なわない程度に稼げば足りる。その分、出資者である地域の法人・個人の要望を叶えることが絶対的なミッションである。

預金が貸出に回らず、中央機関への預金に回っていたとしても、預金者にとっては預金に利子が支払われればそれでいい。

だが、地銀は預金者に利子が払えるだけではダメで、株主のためにも頑張って稼がねばならない。

お金が余ったら預けられて利子まで付けてくれる中央機関のような存在も地銀にはない。

地域を支える役割は信金・信組も担っている。利潤追求では規模に勝るメガにかなわない。誤解を恐れずにいうならば、地銀は特色を出せなければ中途半端な存在になってしまう。

しかも利鞘は年々縮小している。今すぐどうこうということはないが、逆に余力がある今だからこそ、金融庁は発破をかける。

その地銀へのプレッシャーが始まったのは、今から6年前。2013年6月に金融庁検査局に着任した森信親局長が、着任から半年後の同年12月、1枚のペーパーを作成した。いわゆる森ペーパーである。

このわずか2年後に第9代金融庁長官となる森局長が作成したこのペーパーは、縦軸に地銀・第二地銀105行の地元の生産年齢人口の変化率、つまりその地域の将来の市場規模の縮小度合いを、横軸にその地銀の収益率を取り、該当する地銀を点で示した散布図型のグラフだった。

つまり、グラフの左下に近づけば近づくほど、将来性も現在の収益力もないダメ銀行度が高いことがわかるペーパーだった。

題して「金融機関の将来にわたる収益構造の分析について」。これを森局長は各地銀の頭取に配った。銀行の実名こそ入っていなかったが、収益力を見れば、自行がどれかは頭取ならわかる。

地銀の行く末を按じ、再編を含めた生き残りについて、金融庁は本気で議論するぞというメッセージである。

各地銀頭取たちが震え上がったことはいうまでもない。この森ペーパーは、一般には公表されなかったが、後日入手した証券会社が実名入りの再現版を作成。機関投資家の間に流通し出したのは翌年2月だ。

いわゆる「危ない銀行リスト」的な位置づけのものは、メディアだけでなく証券市場関係者の大好物でもある。一気に拡散し、メディアでも盛んに取り上げられた。

公取が待ったをかけた親和と十八の合併

森局長はとんとん拍子で出世し、検査局長から1年で監督局長、さらに1年で金融庁長官に就任。2013年6月の検査局長就任から2018年6月の金融庁長官退任までの5年間で、実に11の地銀再編が実現した。

公正取引委員会が待ったをかけなければ、もう1つ増えるはずだった。それがふくおかフィナンシャルグループによる長崎の十八銀行との経営統合であ

2013年6月以降の地銀再編史

2013年6月～2018年6月に合併・経営統合した地銀

2014/10	東京TYFG発足	東京都民と八千代が経営統合
2015/10	九州FG発足	肥後と鹿児島が経営統合
2016/4	東京TYFGに新銀行東京が参加	
2016/4	コンコルディアFG発足	横浜と東日本が経営統合
2016/4	トモニHDに徳島が参加	
2016/10	めぶきFG発足	足利と常陽が経営統合
2016/10	西日本FHD発足	西日本シティと長崎が経営統合
2018/4	三十三FG発足	三重と第三が経営統合
2018/4	りそなHD内に関西みらいFG発足	近畿大阪、関西アーバン、みなとが経営統合
2018/5	東京TYFGが東京きらぼしFGに社名変更	
2018/5	東京きらぼし銀行誕生	東京都民、八千代、新銀行東京が合併

2018年7月以降に合併・経営統合した地銀

2018/10	第四北越FG発足	第四と北越が経営統合
2019/4	ふくおかFGに十八が参加	
2019/4	関西みらい銀行誕生	近畿大阪と関西アーバンが合併
2020/1	徳島大正銀行誕生	徳島と大正が合併
2020/10	十八親和銀行誕生(予定)	十八と親和が合併
2021/1	第四北越銀行誕生(予定)	第四と北越が合併
2021/5	三十三銀行誕生(予定)	三重と第三が合併

FGはフィナンシャルグループ、FHDはフィナンシャルホールディングス。
全国銀行協会公表資料から筆者作成

る。

長崎はもともと北部が親和銀行、南部が十八銀行のテリトリー。2007年10月に親和を傘下に組み入れていたふくおかフィナンシャルグループが、2016年2月に十八銀行と経営統合で基本合意し、協議に入ったことを明らかにした。

この時点では、2017年4月をメドに同グループへの組み入れを行い、2018年4月をメドに親和との合併も計画されていた。

ところがこれに公正取引委員会が待ったをかけた。合併が実現すると、長崎県内での貸出シェアが7割に達し、公正な競争を阻害するというのがその理由。

交渉は難航を極め、森長官の在任中に決着はつかなかったが、最終的に1000億円規模の貸出債権を他の金融機関に譲渡することを条件に公取を説き伏せ、2018年10月、正式に統合が決定した。

当初の予定から2年遅れの2019年4月、十八銀行の経営統合が実現。十八と親和の合併は2020年10月になる予定だ。

ＳＢＩの「第四のメガバンクグループ」構想

２０１９年9月6日、インターネット金融大手のＳＢＩホールディングスが島根銀行の第三者割当増資を引受け、議決権の20・92％を握る筆頭株主となることを公表した。

島根銀行は地銀・第二地銀１０５行中唯一、２０１９年３月期に業務純益が赤字になった第二地銀で、預金残高は３６３６億円と、全地銀中下から3番目。取得した島根銀行株式は、傘下のＳＢＩアセットマネジメントが運用するファンドが所有する。

島根銀行への出資決定と同時にＳＢＩがブチ上げたのが、「第四のメガバンクグループ」構想である。共同持株会社を立ち上げ、そこへＳＢＩが5割以上の出資をするが、ＳＢＩ以外にも有力な地銀や大手銀行からの出資を募り、地域金融機関を買収していこうというもの。

銀行はシステム更新に莫大な資金を必要とするので、体力が衰えてくると、システム更新ができなくなり、ますます競争力を失う。

第四のメガバンク構想に参画すれば、少なくともインターネット金融事業を展開するＳＢＩの技術水準のシステムが共同利用できるようになる。マネロン対策強化や資産運用商品や金融サービスなども提供する形でＳＢＩが支援する。

また、不動産会社との共同出資会社の設立も計画、地銀の店舗や社屋の活用も進めるという。

この時点で、10行あまりが手を挙げていると、北尾吉孝ＳＢＩホールディングス社長は明らかにしていたが、この2か月後の２０１９年11月には、早くも福島銀行の参画を発表した。

まだ共同持株会社の構想が固まっておらず、支援対象となる地銀には、当面はＳＢＩアセットマネジメントが出資する「地域銀行価値創造ファンド」が出資する形になっているが、共同持株会社が立ち上がったら、支援先の地銀はそちらにぶら下げることになる。

金融庁がこの構想をどう思っているのか、今のところ明かにはなっていないが、ＳＢＩによる島根、福島両行への出資に難色を示した形跡はない。

　北尾氏は同構想で、メガバンクとはいっても、既存のメガバンクのようなグループを形成することは想定しておらず、あくまで支援先の各地銀の独立性を尊重する、地銀の連合体のようなものを想定しているといっている。

　立ち位置は信金・信組の中央機関（信金にとっての信金中金、信組にとっての全信組連）に近い形を想定しているのではないかと思う。

　そうであれば、今後地銀に公的資金を注入するような事態になったとしても、信金・信組が中央機関経由で注入する形になっているのと同様に、地銀直にではなく、「第四のメガバンク」経由で注入し、監督責任を一任することを考えているのかもしれない。

4

銀行法改正の衝撃

電子決済等代行業を誕生させた改正銀行法

2018年6月1日施行の改正銀行法で、新たに『電子決済等代行業』という業種が設けられた。

従来、銀行のシステムに直接アクセスできるのは、口座を持っている本人のみ。

この、銀行と個人（もしくは法人）との仲立ちをするのが電子決済等代行業者。

例えば、家計簿自動作成アプリを提供している業者が電子決済等代行業の免許を取得した場合を考えてみよう。

口座を持っている本人は、銀行のシステムにアクセスして取引履歴をとり、それをもとに家計簿を作成しなくても、アプリを立ち上げれば、業者が自動的に取引履歴を銀行から取得して家計簿を作ってくれる。

クラウド会計ソフトを提供している事業者が電子決済代行業の免許を取得した場合も同じような効果が得られる。

業者が銀行から取引履歴を取得し、自動仕訳をしてくれるので、口座を持っている本人は何もしなくても帳簿ができ上がる。

電子決済等代行業には2種類ある。1つは決済指図伝達サービス業（略称ＰＩＳＰ）。もう1つは口座情報取得サービス業（略称ＡＩＳＰ）。

前述した家計簿アプリの会社や、クラウド会計ソフトの会社のサービスは、後者の口座情報取得サービス業の免許を取得することで可能になる。

前者の決済指図伝達サービス業は、銀行と口座保有者の仲立ちをしている事業者が、お金の出し入れまで手がけることができる免許である。

例えばECモールでの買い物に、クレジットカードを使う場合を想定してみよう。

アプリで買うにしても、代金決済はクレジットカードだから、モール運営者がクレジットカード会社から後日払い込まれてくる代金から、手数料を差し引き、残りを出品者に振込みで払っている。

買い物をした人→カード会社→銀行の順に口座からお金を引き落とすための指示が行き、お金は銀行→クレジットカード会社→モール運営者→出品者の順に流れていく。

モール運営者が電子決済等代行業の決済指図伝達サービスの免許を取得すれば、クレジットカード会社を介在させることなく、即座に顧客の口座から代金を回収できる。

邦銀の大半がオープンＡＰＩに対応表明

この銀行システムに、口座所有者以外の第三者である電子決済等代行業者がアクセスすることを許す制度を、オープンAPIという。

ちなみに、APIは、アプリケーション・プログラミング・インターフェースの略だ。

銀行の側にもシステム対応が必要で、口座情報取得サービスに対応するシステムを参照系、決済指図伝達サービスに対応するシステムを更新系という。

日本の銀行で、オープンAPIに対応しないといっている銀行は新生信託、日証金信託、農中信託、みずほ信託、整理回収機構の5行のみ。

この5行はそもそも口座保有者の属性からすると、ニーズがないと考えてのことだろう。

それ以外は都銀、地銀、第二地銀、信託銀、それに新たな形態の銀行も含め、全行が対応する。

反対に外国銀行の支店でオープンAPIに対応するといっているところはゼロ。もっとも外資でも日本の銀行免許を取得しているSBJは対応する。

それでは、実際のシステム構築時期についてはどうか。

参照系APIのうち個人向けは、すでに8割の銀行が整備済み。残る2割の大半も2020年春～夏には整備するといっている。

一方、同じ個人向けでも更新系となると、整備済みは参照系の半分。2020年春～夏には整備が完了する銀行を含めても、全体の6割強。

法人向けは、参照系が6割整備済み。2020年春～夏整備完了行も含めると7割。更新系は整備済みは4割を切っていて、2020年春～夏整備完了行を含めても5割を切っている。

総論賛成でも更新系には慎重姿勢

このオープンAPIというサービス、ニーズとして想定できるのはもっぱら個人と、個人事業主や中小企業だ。

大企業には既存の銀行が別のサービスで対応している。オープンAPIの恩恵を受けるのは、主に中小企業や個人を対象にサービスを展開しているフィンテック企業なので、個人向けのシステム整備を先行させた結果、法人向けが若干遅れているということだろう。

もう1点は、やはり更新系には銀行も慎重になっているということなのだろう。

口座情報だけでも不正利用されないよう、十分な対策が必要なのに、まして実際にお金を動かせる更新系となると、より慎重になるのは当然だ。

もっといえば、参照系にはクラウド会計ソフトや家計簿アプリなど、一定の需要もありそうだが、更新系にどの程度需要があるのかも不透明ということなのだろう。

日本は完全無欠の送金システムが完備している、世界でも極めて稀な国だ。

銀行に預金口座を開けない人はごくごく一部。国民の100％に近い人が銀行口座を持っている。

そもそもこれ自体が世界では極めて稀だ。しかも現金が発達していて、街中のいたるところにあるATMで、24時間いつでもお金がおろせる。

そして送金も、全国どこの金融機関の口座へも、即座に送金ができる。こんな国は他にない。

銀行の店舗に出向かなくても、個人でもインターネットバンキングが利用できるので、すでにスマホ上で送金は簡単にできる。

つけ加えるなら、日本は現金社会だからキャッシュレス化が遅れているというが、公共料金の自動引き落としが機能することで、自治体の公共料金徴収にかける労力はずいぶん軽減されている。

それも銀行預金口座がこれだけ国民に普及していればこそ。この自動引き落とし分については、キャッシュレスの普及度を計算するうえで、考慮されていないのだそうだ。

この環境下にあって、決済指図伝達サービスが、免許をとりたいフィンテック企業側ではなく、口座所有者の側に、どれだけニーズがあるのかわからない、と銀行が考えるのは、さほどナンセンスなことではないだろう。

オープンAPI普及のネックは手数料

もっとも、銀行側のシステム整備がほぼすんでいる参照系でも、実際にフィンテック企業との契約が進んでいるかといえば、さにあらず。手数料で折り合いがつかないのだ。

フィンテック企業が自社のサービスの収益性を考え、銀行に支払える手数料と、銀行の側が求める手数料に、到底折り合えないほどの乖離があるのだという。

そしてここでも公正取引委員会が登場、「銀行インフラを使うのに、なぜ高い手数料がかかるのか。新規参入を阻む狙いがあるのではないのか」という問題意識を持っているという。

銀行は基本的にオープンＡＰＩには賛同している。それは銀行のシステムにアクセスするフィンテック企業からの手数料収入が得られるからだ。

銀行は莫大な費用をかけてシステムを構築してきた。いくら政府の肝いりとはいえ、その莫大な費用をかけて構築したシステムを、ベンチャー企業に安く公開してやれといわれて、ハイそうですか、どうぞなどといえるわけがない、そう思っていたのだが、どうやらそれだけではないらしい。

銀行側がフィンテック企業に求めている手数料の

うち、銀行がNTTデータに支払う手数料が大部分を占めている、という報道を目にした。

NTTデータは銀行の基幹システムで4割のシェアを握っているのだそうで、この報道ではNTTデータのいい分も載せていた。

曰く、「銀行の評判を左右するようなシステム障害を起こさないシステム構築には莫大なコストがかかっている」という。

確かに情報漏洩やシステム障害が起きれば、銀行は世間から袋だたきに遭う。

だからそうならないように莫大なコストをかけている。毎月NTTデータに払っているメンテナンス料もおそらく莫大だろう。

その一部をフィンテック企業にも負担してもらいたいということなのだろう。

もっとも、一部のネット専業銀行では、無料でAPI連携に応じるところが出てきているが、これは伝統的な銀行との歴史の違いゆえだろう。

API連携に無料で応じることで、その利便性をユーザーが高く評価し、ネット専業銀行が台頭するのであれば、それはそれで正しいと思う。

だが、そういった展望や戦略もなく、莫大なコストをかけて構築したシステムを安く解放するというのは、合理的な判断ではないと筆者も思う。

Chapter 3

銀行業界地図

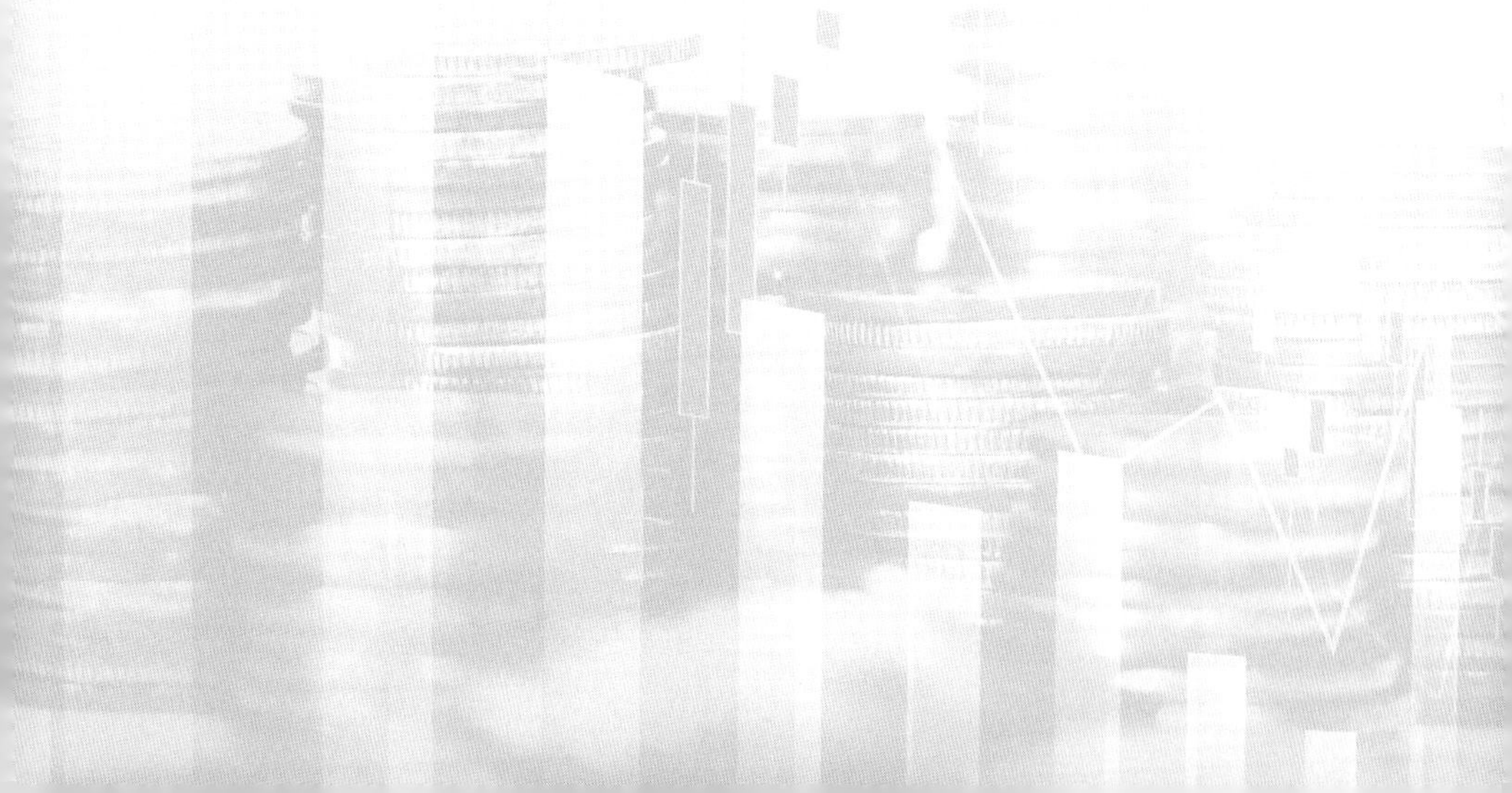

1 銀行とは

社名に「銀行」がついている狭義の銀行

まずは銀行の概念をおさえておきたい。銀行が手がけている業務の詳細は後述するが、大雑把にいえば、３大業務（預金受入業務、貸出業務、送金業務）を手がけている事業者をいう。

３大業務も手がけているが、信託業務をメインに手かげている信託銀行と区別するため、３大業務をメインに手がけている銀行を普通銀行という。

普通銀行の代表格は、三菱ＵＦＪ銀行、三井住友銀行などに代表される、社名に「銀行」がついている事業者である。

このうち、東京や大阪など大都市部に本店を構え、広域展開している銀行を都市銀行（略称都銀）という。１９７０年代初頭から、１９９０年代初頭までの約20年間は13行あったが、その後再編が繰り返され、現在では、

みずほ銀行
三井住友銀行
三菱ＵＦＪ銀行
りそな銀行

の4行に減っている。

ちなみに、都銀という用語は、現在、報道ではほぼ使用されなくなったためか、一般には死語となっているが、金融行政上は今もしっかり使われている。

これに対し、各都道府県に本店を構え、本店周辺の地域で、地域密着型の事業展開をしている普通銀行を地方銀行（略称地銀）という。

本店周辺地域で事業展開しているからといって、

営業エリアが定められているわけではない。

制度上は全国どこでも出店可能だが、地の利がない場所で出店しても費用倒れになるだけなので、結果的に本店周辺での事業展開になっているというのが実態だ。

ちなみに、日本銀行が近い東京・日本橋界隈には、全国の地銀の東京支店が軒を連ねている。

地銀は歴史的背景の違いから、もとから地銀だった地銀と、相互銀行から普通銀行に転換した第二地銀に分かれ、現在、地銀は64行、第二地銀は39行ある。

このほか、普通銀行業務と信託業務の双方を手がける信託銀行が14行。

外国銀行の日本支店が56。

さらに、都銀、地銀、第二地銀、信託銀行、外国銀行の日本支店のいずれにも属さないため、「その他」で分類されていて、なおかつ社名に「銀行」がついている銀行が15行ある。

内訳は、

旧長期信用銀行2行、ネット銀行7行、ＡＴＭ運営専業銀行2行、大手スーパーイオン店舗にのみ出店するイオン銀行、外国銀行が日本支店としてではなく、日本の国内銀行として免許を取得したＳＢＪ銀行、ゆうちょ銀行、それに１９９０年代に銀行が抱えた不良債権の処理のために特別に回収専門銀行として設立された整理回収機構である。

整理回収機構は「銀行」の名はついていないが、行政分類上は銀行である。

社名に「銀行」がつかない銀行

三大業務を手がけているのは「銀行」だけではない。信用金庫、信用組合、労働金庫、ＪＡバンク、ＪＡマリンバンクも三大事業を営んでおり、広義の銀行といっていい。

２０１９年10月末時点で信用金庫は２５７、信用組合は１４６、労働金庫は13、ＪＡバンクは32、ＪＡマリンバンクは27ある。

地域密着という点では地銀と同じだが、地銀とは異なるのは、いずれも出店できる範囲が特定の地域に限定されている点。

組織の目的も地銀とは異なる。地銀が営利を目的とする株式会社であるのに対し、これらは全て非営利の協同組織。

株式会社の株主に該当するのが、出資者である会員や組合員なのだが、株式会社が営利を追求する使命を負っているのに対し、協同組織は会員や組合員の相互扶助を基本理念とし、会員や組合員や地域のニーズに応えることを使命としている。

もっとも、営利追求が目的ではないとはいえ、経営が悪化しては元も子もないので、経営の健全性を維持できる程度の儲けは稼がねばならない。

これら協同組織の金融機関は、いずれも手がける業務は同じだが、会員や組合員の属性が異なる。

信用金庫、信用組合は営業エリア内の個人及び法人が会員や組合員だが、労働金庫は営業エリア内の労働者や労働組合、生活協同組合など。

ＪＡバンクは農業従事者、ＪＡマリンバンクは漁業従事者である。

銀行と金融機関は同義語か

ところで、「金融機関」と「銀行」は、一般人の日常会話ではほぼ同義語として扱われるが、実は同じではない。

「銀行」は数ある「金融機関」の業態の中の１つというのが、正確な答えだ。

金融とは、お金を融通することを意味する。お金の出し手からお金を調達してきて、そのお金を貸したり運用したりして利益を稼ぎ、稼いだ利益の一部をお金の出し手に還元する。

国民から預金の形で預かったお金を、企業に融資をし、利息を稼ぎ、稼いだ利息の一部を預金者に還元する銀行は、まさに金融事業を営む事業者だ。

保険会社も保険契約者から受け取る保険料を、株式や債券、不動産などで運用して利益を稼ぎ、保険契約者から請求されたら保険金を支払うから、金融事業者。

証券会社も投資家が株を買うための仲介をし、仲介手数料を投資家からもらう。お金を動かすことで利益を稼ぐから金融事業者だ。

クレジットカード会社や消費者金融会社、それに1990年代に隆盛を極めた商工ローン会社は、銀行から借りたお金を個人や中小企業に貸して利益を稼ぐから、これも金融事業者。

投資家から集めたお金を株や債券、不動産などで運用し、利益を稼いで配当するファンド運営者も金融事業者である。

これに対し、「金融機関」という用語は金融事業を営む一部の会社に対する、行政上の呼称だ。

「金融機関」という呼称が使われるのは、国から免許を得ないと営業できない業態に対してである。具体的には銀行や保険会社など。

免許はいらず、「登録」だけで営業できるクレジットカード会社や消費者金融など、貸金業者は「金融機関」ではなく「金融会社」である。

少々ややこしいのは証券会社だ。証券会社もかつては免許制だったので、間違いなく「金融機関」だったのだが、1998年に証券取引法（現・金融商品取引法）が改正され、免許制ではなくなり、登録制に変わった（業態によって指定もあり）。

このため、これ以降、金融機関＝金融事業を営む免許事業者という定義ではくくれなくなってしまった。

免許、認可、登録、指定、届出と、行政上の区分はややこしいが、各定義は

免許→やってはいけないことを国が特別に許す

認可→やりたいといっていることに国が同意する

登録→役所の名簿に登載されて効力が発生

届出→役所に届け出るだけで効力発生

である。

届出以外には、いずれも行政の裁量が働く余地があるわけだが、同じ登録業者なのに、なぜか貸金業者は未だに金融会社、証券会社は今も金融機関なのである。

2 銀行を監督する官庁は

かつては絶大な権力を誇った大蔵省

日本には１８６８年（明治元年）から２００１年１月６日まで、大蔵省という役所が存在した。現在の財務省である。

かつては最強の官庁、官庁の中の官庁と呼ばれ、その権限は絶大だった。

なにしろ主計局が予算編成権を握り、傘下の国税庁が徴税権を握り、理財局が各省庁が設立した特殊法人への資金供給を司り、そして銀行局、証券局が銀行と証券会社の監督権限を握っていたのだ。

その最強の官庁に危機が訪れたのは１９９０年代末期。平成バブル崩壊後、全国の金融機関や金融会社でバブル期の不動産融資がことごとく焦げつき、金融危機を招いた。

日本の金融行政は、大蔵省が厳しい規制によって、銀行間の競争を制限する、いわゆる護送船団方式をとることで、銀行経営に深く関与。「箸の上げ下げまで指導する」といわれた。

その大蔵省が、全国の金融機関、金融会社が不動産融資に傾注していくのを知っていながら、何の対策も打たなかった。

そればかりか、過剰かつハレンチな接待を大蔵省の官僚が、銀行から受けていたことまで発覚した。いわゆる大蔵省接待汚職事件である。これによって国民の怒りが臨界点を超えたのである。

コトの発端は、１９９４年に東京協和信用組合と安全信用組合という、都内にあった２つの信用組合が破たんしたことにある。

続いて住宅ローン専門のノンバンクだったはずのいわゆる住専が、住宅ローンどころか不動産業者向けに巨額の融資をし、それが巨額の不良債権と化していたことが発覚。

１９９７年11月には三洋証券、山一証券、そして都銀13行の１角を占めていた北海道拓殖銀行が相次いで破たん。

翌１９９８年３月には日本長期信用銀行が、そして同年12月には日本債券信用銀行が経営破たんし、税金が投入された。

大蔵省の信頼は地に落ち、大蔵省から金融機関の監督権限を取り上げるために、１９９８年６月に誕生したのが金融監督庁（２０００年７月に金融庁に改称）である。

3年かけて金融行政の組織を再編

だが、現在の監督体制に至る経緯はかなり複雑だ。79ページ以降にその経過を図解してみた。

まず、金融監督庁が１９９８年６月に設置されるまでは、大蔵省の中に銀行局と証券局があった。保険会社は銀行局の中に設けられた保険部が管轄していた。

検査部門は大臣官房の直轄になっていて、ここが銀行、証券、生損保の検査権限を握っていた。部署としては監督部門と検査部門は分離されてはいた。

だが、接待汚職事件では証券会社による接待が刑事事件化し、証券局、証券取引等監視委員会、金融検査部、そして日本銀行から逮捕者が出た。

逮捕こそされなかったが、銀行局の幹部も処分を受けたため、銀行局と証券局は廃止。

金融検査部門と証券取引等監視委員会は金融監督庁に移管となり、金融機関の監督権限も金融監督庁に移管された。

この時点で大蔵省の手もとに残ったのは金融制度の調査・企画・立案業務のみ。

１９９０年代末期は金融機関の破たんが相次いだことから、金融機関の破綻処理をする金融再生委員会が発足。

１９９８年12月からは、破たん処理自体は金融再生委員会の事務局が手がけ、組織上金融再生委員会の下に置かれた金融監督庁が、通常の監督業務を行う形がとられた。

２０００年７月以降は大蔵省に残っていた金融制度の企画立案業務を、大蔵省から金融監督庁あらため金融庁に移管。

金融再生委員会は、２００１年１月、その業務を金融庁に移管、解散し、金融庁は内閣府の直轄省庁になった。

２００４年４月の組織変更は、粉飾決算を見抜けない監査法人への批判が相次いだことから、監査法人の品質管理を行う、公認会計士・監査審査会が設置されたものなので、銀行行政に関わる組織再編は２０００年７月でおおむね完了したといっていい。

２０１８年６月までの監督体制は

移管を受けた金融庁側では、検査と監督を分離する組織体制をとった。82～83ページの組織図は、２０１８年６月までの金融庁の組織図である。

実は２０１８年７月に大きく体制を変えているのだが、まずは２０１８年６月までの体制を説明しよう。

向かって右側は、証券取引等監視委員会と公認会計士・監査審査会。銀行行政とは直接関係ない。

銀行行政と関係があるのは向かって左側。総務企画局、検査局、監督局という組織が並列している。

総務企画局が、主に旧大蔵省から取り上げた金融制度の調査・企画・立案業務を手がけている。

この組織のポイントは検査局の位置。旧大蔵省時代には大臣官房の下にぶら下がっていた（１９９２年７月から１９９８年６月まで）。

大臣官房の下ということは、政治家の介入を受けやすい。大臣には必ず政治家が就任するから、その直轄組織は最も政治家の介入を受けやすい。実際大蔵省接待汚職事件ではそれが表面化した。

このため、検査局を総務企画局の下には置かず、監督局からも独立した、この位置に置いたのである。

そして監督局。大蔵省時代には銀行局の下に置いていた保険課が、証券課や銀行課と並列の位置に昇格している。

1992年7月から1998年6月まで

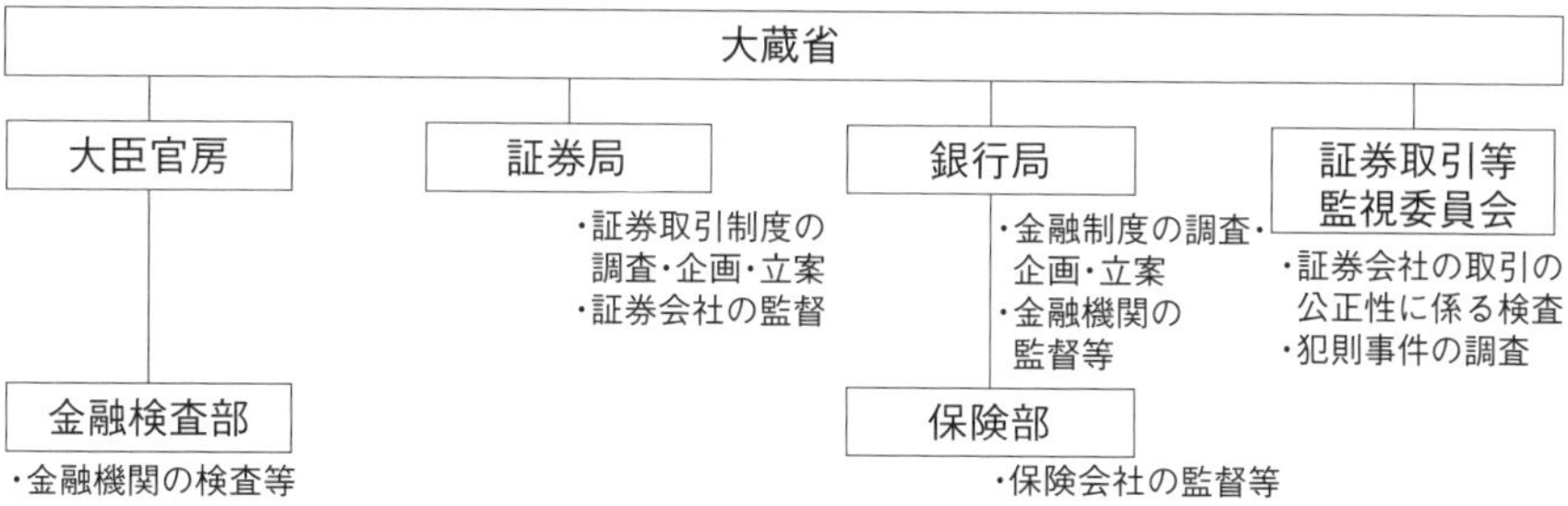

旧大蔵省・金融庁公表資料に基づき筆者作成

1998年6月から1998年12月まで

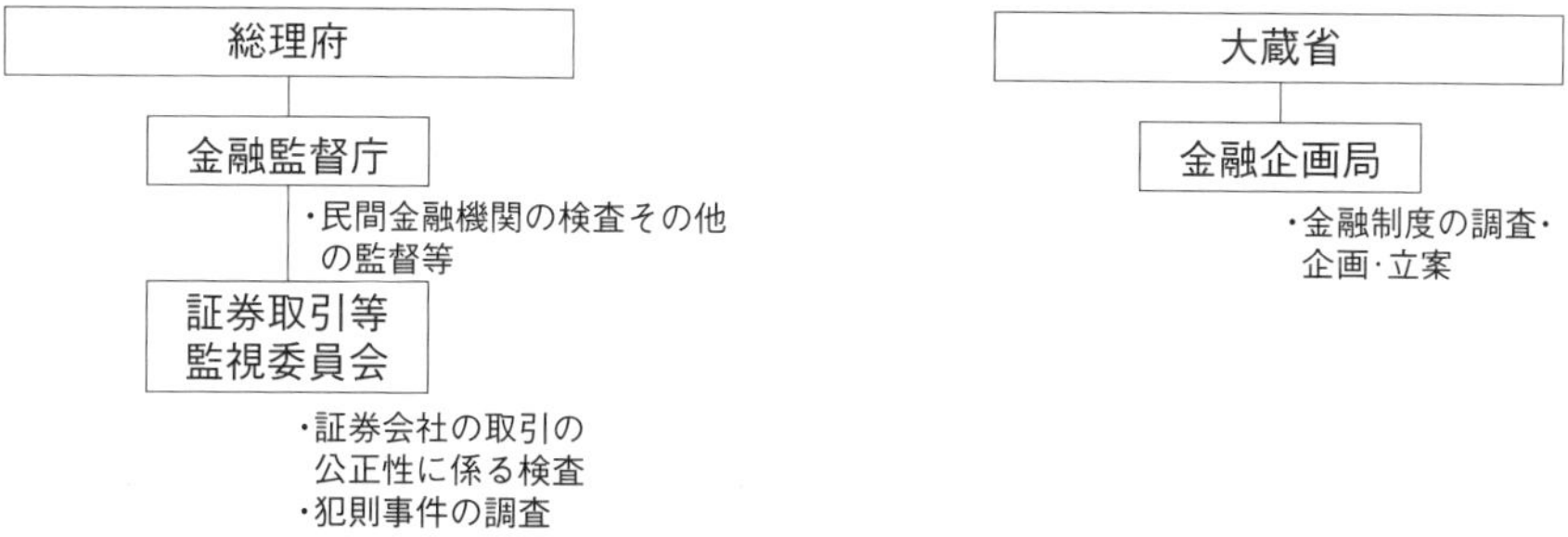

旧大蔵省・金融庁公表資料に基づき筆者作成

1998年12月から2000年6月まで

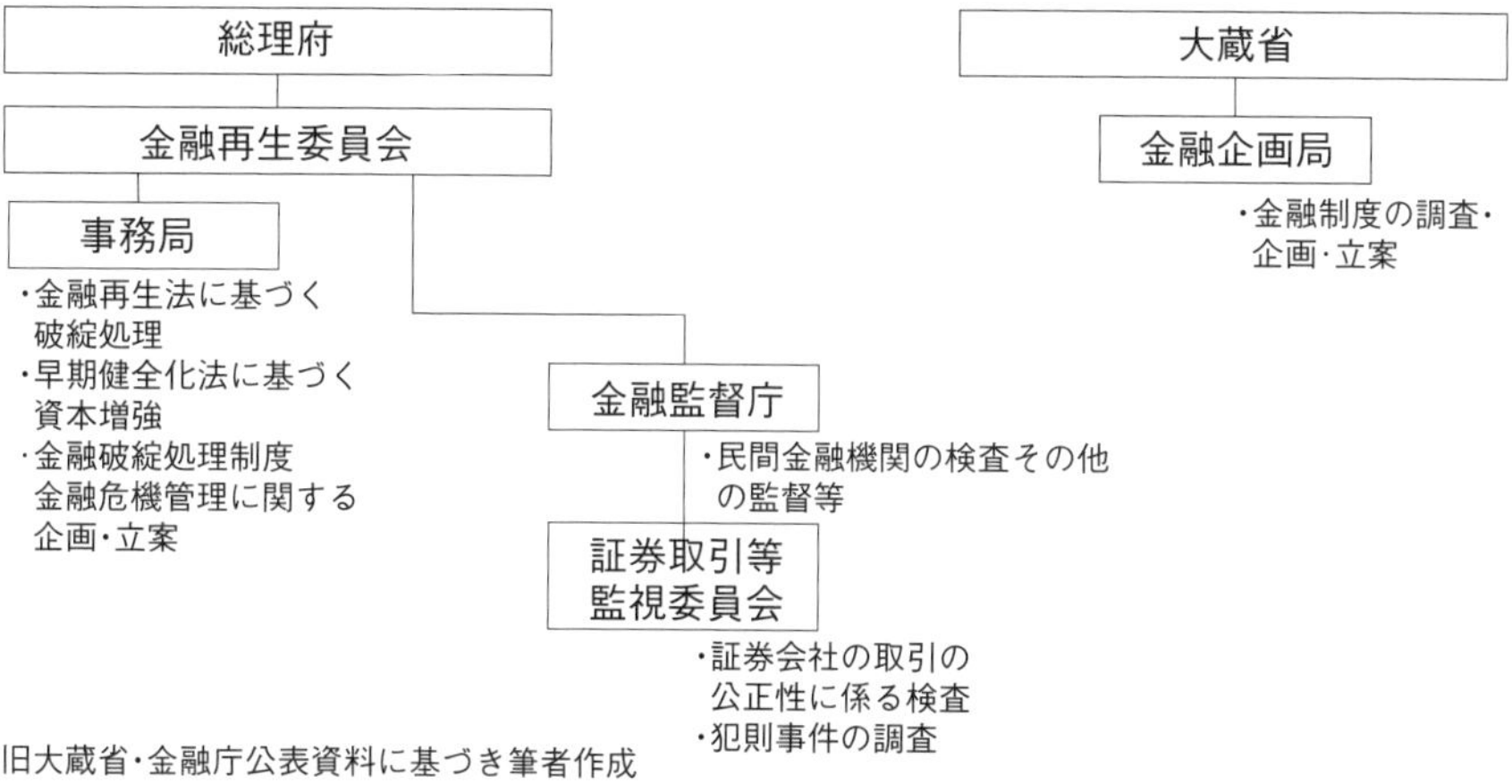

旧大蔵省・金融庁公表資料に基づき筆者作成

2000年7月から2001年1月まで

総理府

金融再生委員会

事務局

・金融再生法に基づく破綻処理
・早期健全化法に基づく資本増強
・金融破綻処理制度金融危機管理に関する企画・立案

金融庁

・民間金融機関に対する検査・監督
・国内金融制度の企画・立案
・民間金融機関の国際業務に関する制度の企画・立案

但し金融破綻処理制度及び金融危機管理に関する企画立案を除く

証券取引等監視委員会

・証券会社の取引の公正性に係る検査
・犯則事件の調査

大蔵省

・国の財政等の行政事務等を遂行する観点から行う金融破綻処理制度及び金融危機管理に関する企画・立案

旧大蔵省・金融庁公表資料に基づき筆者作成

2001年1月から2004年3月まで

内閣府

金融庁

・民間金融機関に対する検査・監督
・国内金融制度の企画・立案
・民間金融機関の国際業務に関する制度の企画・立案

金融破綻処理制度及び金融危機管理に関する企画立案を含む
金融再生法に基づく破綻処理や早期健全化法に基づく資本増強については時限的な所掌事務

証券取引等監視委員会

・証券会社の取引の公正性に係る検査
・犯則事件の調査

財務省

・国の財政等の行政事務等を遂行する観点から行う金融破綻処理制度及び金融危機管理に関する企画・立案

金融庁・財務省公表資料に基づき筆者作成

2004年4月から2018年6月まで

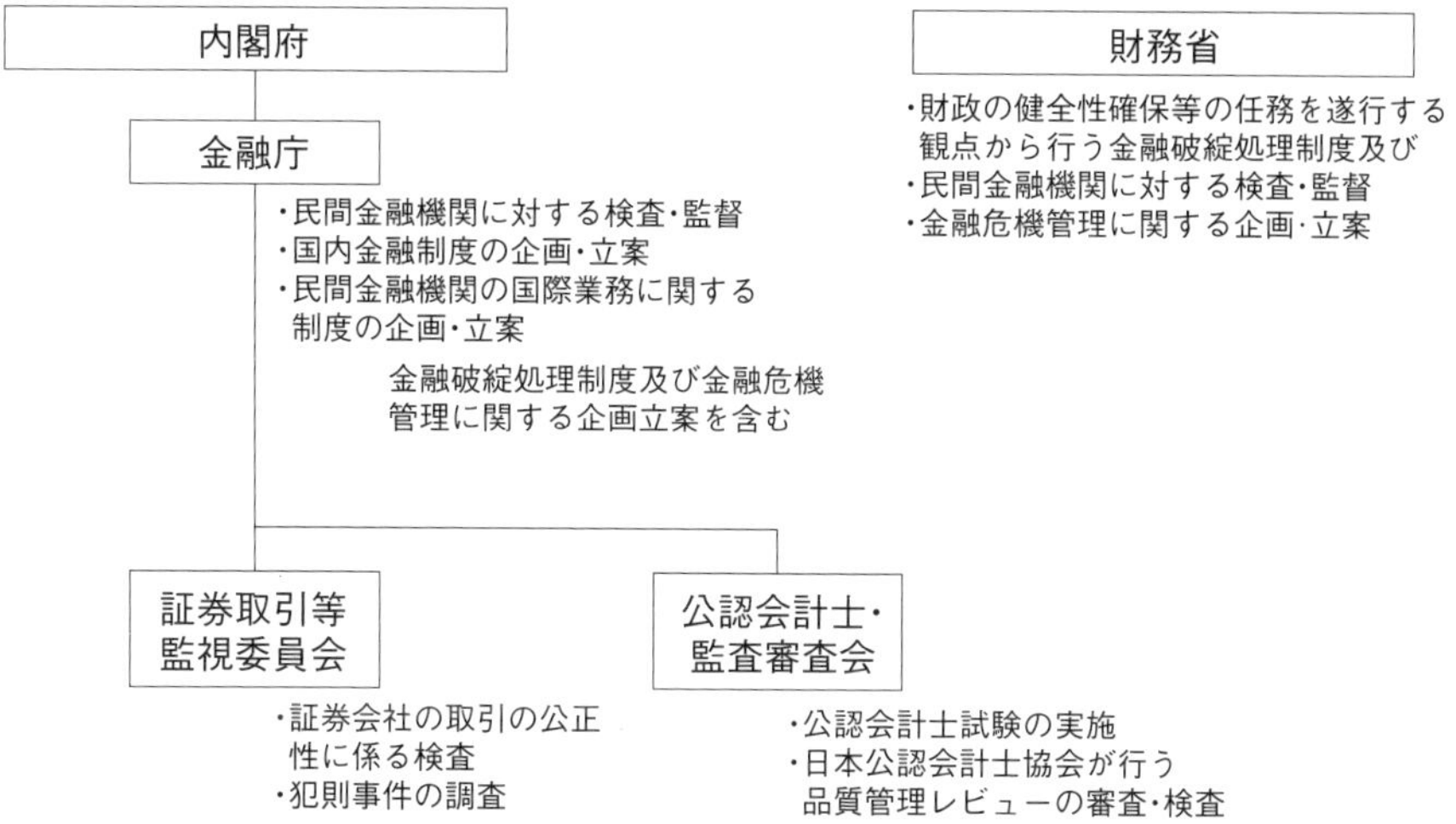

金融庁・財務省公表資料に基づき筆者作成

監督局と検査局を別の組織にしてあるのは、日々監視しながら必要に応じて行政処分を出す監督機能と、一定期間ごと、もしくは抜き打ちで立ち入り検査する機能は相反する機能だからだ。

別の組織にしておかなければ、日々やっていることを自分でチェックさせることになってしまう。

２０１８年７月の金融庁の組織改編の際にいじったのは総務企画局と検査局の部分であり、監督局の組織はいじっていないので、現在もこの状態が維持されている。

銀行第一課は大手行を監督する。都市銀行、信託銀行、ゆうちょ銀行やネット銀行などその他銀行、それに外国銀行の支店を所管している。

銀行持株会社については、持株会社の本社所在地によって所管が変わる。端的にいえば、３大メガバンクグループとその他銀行を中核とする一部の銀行持株会社がこの部署の所管。

このほか、信用金庫の中央機関である信金中央金庫、信用組合の中央機関である全国信用協同組合連合会、労働金庫の中央機関である労働金庫連合会、

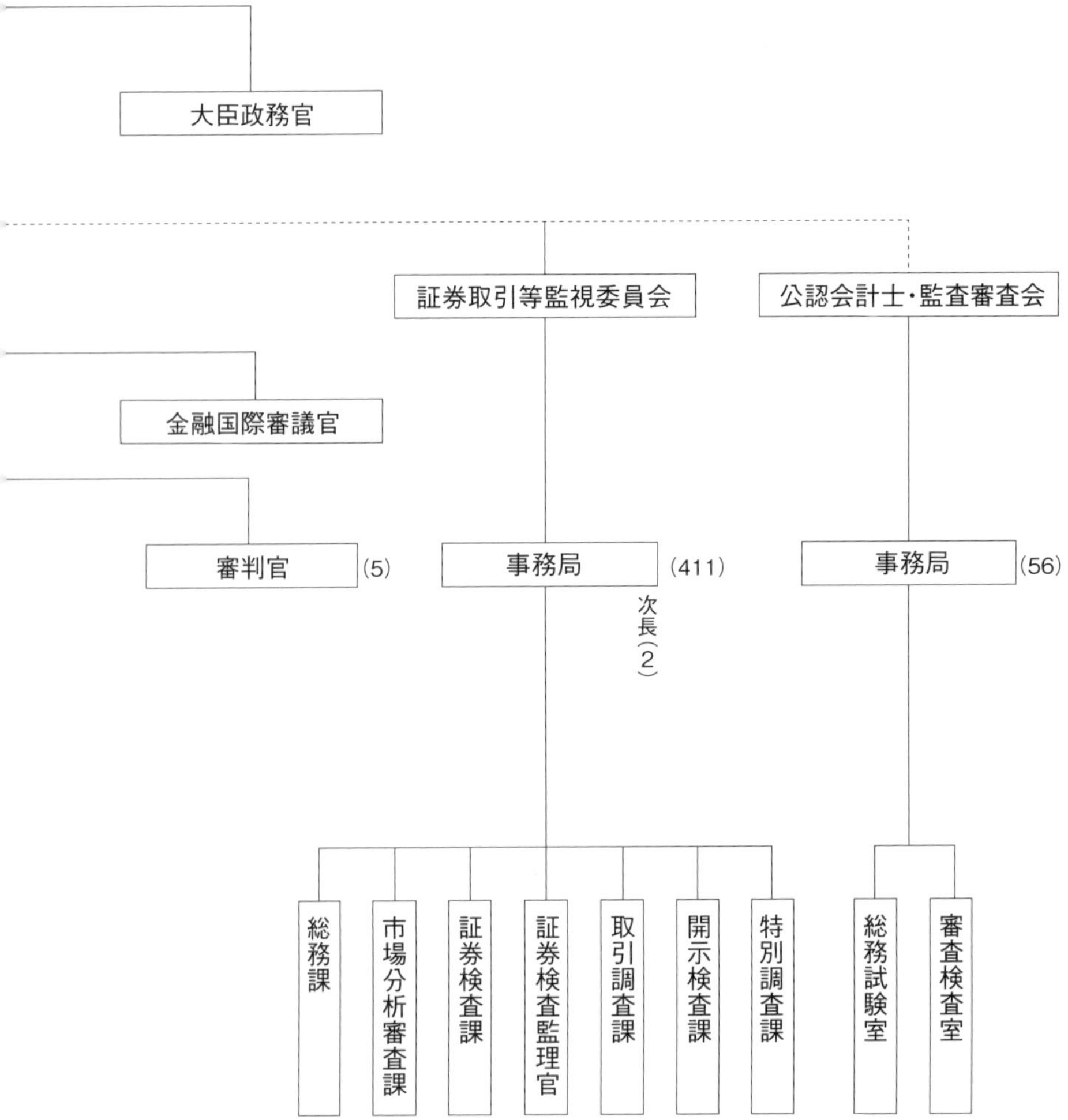
大臣政務官
証券取引等監視委員会
公認会計士・監査審査会
金融国際審議官
審判官
(5)
事務局
(411)
次長(2)
事務局
(56)
総務課
市場分析審査課
証券検査課
証券検査監理官
取引調査課
開示検査課
特別調査課
総務試験室
審査検査室

金融庁の組織（平成28年度）

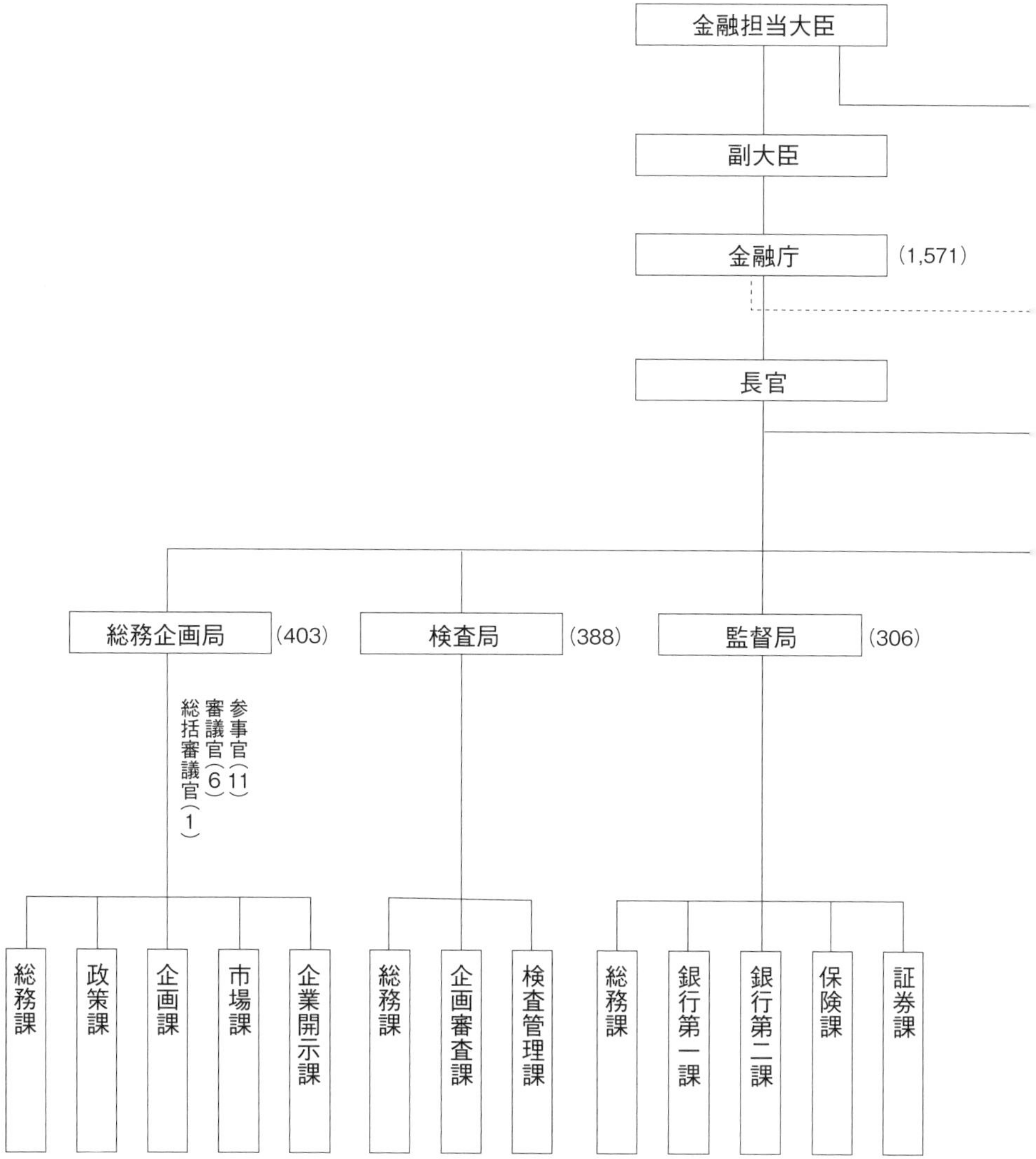

※数字は、平成28年度末定員。
※審議官のうち１人、次長のうち１人、公認会計士監査・審査会事務局長は充て職。
出所：金融庁

信用農業協同組合連合会（信連）と信用漁業協同組合連合会（信漁連）の中央機関である農林中央金庫を所管している。

銀行二課は地銀、第二地銀を監督する。地銀及び第二地銀を中核とする持株会社も銀行二課の担当だ。

独立性高い協同組織金融室

銀行二課の中には、協同組織金融室という組織があり、ここが信用金庫、信用組合、労働金庫、信連、信漁連の監督を行っている。

それぞれの中央機関は銀行一課の所管だが、個別の信金、信組、労金、信連、信魚連の所管は協同組織金融室の担当である。

ちなみに、この協同組織金融室は、銀行二課の中にあるとはいえ、かなり独立した組織といっていい。

Ｃｈａｐｔｅｒ2で取り上げた通り、地銀に対する金融庁の姿勢は極めて強硬だが、協同組織金融機関に対する姿勢は、地銀、第二地銀に対する姿勢とは全く異なる。

「地銀、第二地銀の次は信金・信組」といったトーンで、地銀や第二地銀の再編が一段落したら、金融庁は数が多すぎる信金・信組の再編にも手をつけるのではないか、という報道をよく目にするが、実際には当局の見解は異なる。

地銀、第二地銀と信金・信組とでは、役割が全く異なる、ゆえに金融行政上の扱いも当然に異なる、というのが協同組織金融室の見解である。

なお、地銀、第二地銀、それに協同組織金融機関を実際に監督しているのは、財務省の出先機関である、全国の財務局である。

数が非常に多いうえ、全国に分散しているため、金融監督庁が発足したのちも、金融監督庁が直接監督することは不可能だった。このため、今も金融庁が財務局に監督業務を委任しているのである。

86〜87ページは現在の財務省の組織図である。あらためて眺めてみると、国税庁と税関が財務省管轄なので、今でも最強の省庁という印象を受ける。

それはさておき、向かって左側の本省傘下の右端にある、地方支分部局の下にぶら下がっているのが、各地の財務局である。

北海道、東北、関東、北陸、東海、近畿、中国、四国、九州は財務局。福岡、佐賀、長崎の3県は九州財務局管轄ではなく、福岡財務支局管轄。沖縄は沖縄総合事務局管轄になっている。

なお、ノンバンクについては、金融庁監督局の総務課の中にある、金融会社室という部署が担当している。

金融庁以外の銀行監督省庁

銀行一課、銀行二課が監督する銀行の大半は金融庁が単独で監督しているが、他省庁と相乗りで監督している金融機関もある。

まず農林中央金庫。当然のことながら農林水産省の監督も受けている。傘下の信連、信魚連も同様である。

このほか、労働金庫は厚生労働省、ゆうちょ銀行は総務省の監督も受けている。

また、今も金融庁所管ではなく、財務省の所管のままの、いわゆる政策金融機関が、

国際協力銀行
日本政策投資銀行
商工組合中央金庫
日本政策金融公庫
住宅金融支援機構

の5行。それに日本銀行も財務省管轄である。

住宅金融支援機構と日本銀行以外は全て株式会社だが、それぞれに根拠法がある特殊会社で、銀行法上の銀行ではない。

政策金融機関5社の監督は、89ページの財務省本省内部部局の組織図の大臣官房下の政策金融課が担当している。

一方、日銀は日本唯一の中央銀行であり、日本銀行法によって設立された、政府機関でも株式会社でもない認可法人。

財務省内では理財局が所管部署になっているが、日銀の業務・組織の適正な運営を確保するための業務を行っているだけで、監督権限があるわけではなく、独立性を保証された組織である。

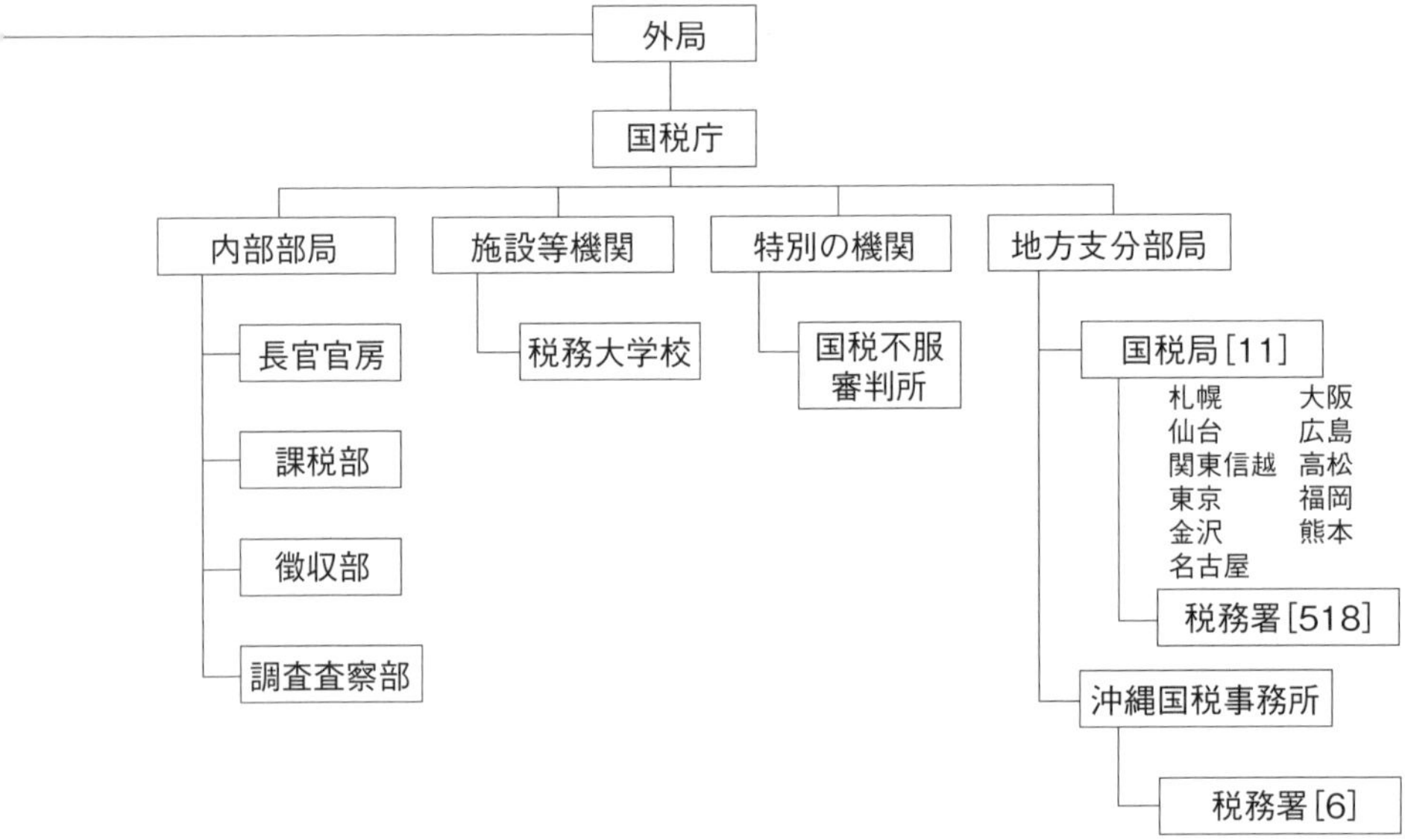
外局
国税庁
内部部局
長官官房
課税部
徴収部
調査査察部
施設等機関
税務大学校
特別の機関
国税不服審判所
地方支分部局
国税局[11]
札幌
仙台
関東信越
東京
金沢
名古屋
大阪
広島
高松
福岡
熊本
税務署[518]
沖縄国税事務所
税務署[6]

財務省機構図(令和元年５月現在)

(１)全体の機構図

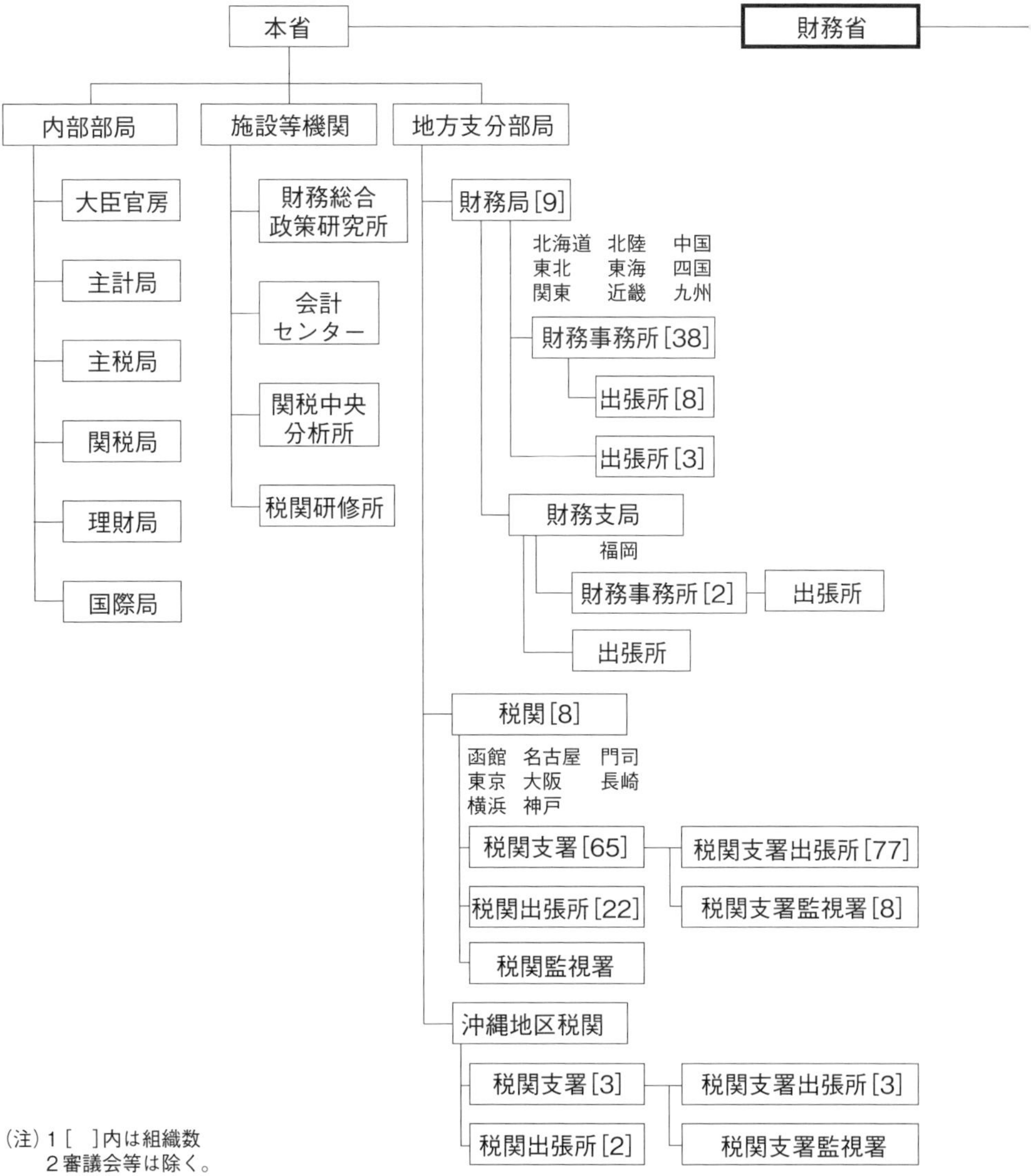

(注)１［　］内は組織数
　　２審議会等は除く。
出所：財務省

- 関税局
  - 局長
  - 総務課
  - 管理課
  - 関税課
  - 監視課
  - 業務課
  - 調査課
- 理財局
  - 局長
  - 次長 (2)
  - 総務課
  - 国庫課
  - 国債企画課
  - 国債業務課
  - 財政投融資総括課
  - 国有財産企画課
  - 国有財産調整課
  - 国有財産業務課
  - 管理課
  - 計画官 (2)
- 国際局
  - 局長
  - 次長
  - 総務課
  - 調査課
  - 国際機構課
  - 地域協力課
  - 為替市場課
  - 開発政策課
  - 開発機関課

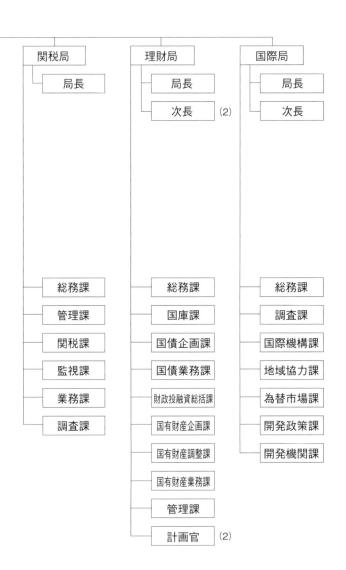

財務省機構図(令和元年５月現在)

(2)本省内部部局の機構図

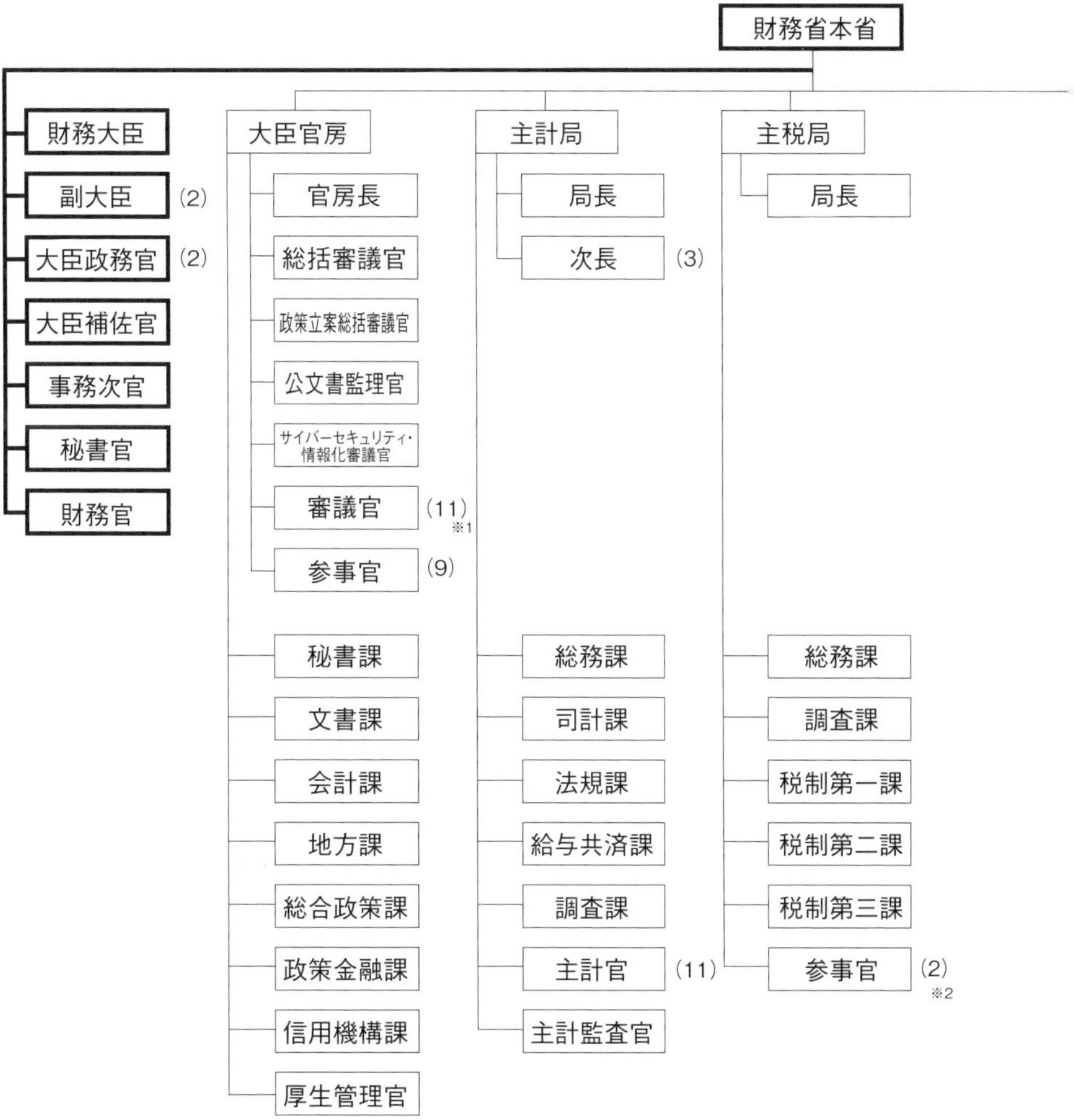

(注) 1 ［太枠］は法律によって設置を定められている組織又は職
2 ［細枠］は政令によって設置を定められている組織又は職
3　※1うち3人は、関係のある他の職を占める者をもって充てられるものとする。
4　※2 うち1人は、関係のある他の職を占める者をもって充てられるものとする。
出所：財務省

3

メガバンク
——銀行業界のプレーヤー①

都銀13行が4行に集約

一般には「都市銀行」という用語は既に死語となっているが、金融行政上は現在も厳然と使用されている。

金融庁のＨＰには、金融庁が免許を与えた事業者のリストが業態別に掲載されている。

そのトップに掲載されているのが「都市銀行」。今もまぎれもなくこの表現が使用されている。

現在はみずほ銀行、三井住友銀行、三菱ＵＦＪ銀行、それにりそな銀行の4行だ。

都市銀行は、１９７１年に第一銀行と日本勧業銀行が合併し、第一勧業銀行が誕生したのに続き、１９７３年に太陽銀行と神戸銀行が合併して太陽神戸銀行が誕生して13行体制になった。

１９９０年4月に太陽神戸銀行と三井銀行が合併するまで、17年間にわたって13行体制が続いた。

だが、バブル崩壊によって生き残りをかけた再編が始まり、１９９０年からりそな銀行誕生までの13年間でわずか4行にまで減った。

（92～93ページの都市銀行・長信銀3行再編史の図参照）

再編の先陣を切った太陽神戸と三井の合併は、財閥系でありながら、規模が小さい三井が、規模が大きい太陽神戸に身売りをしたという見方がされた。

一方、１９９１年4月の協和銀行と埼玉銀行の合併は、オンラインシステムを共同で構築するなど、友好的な関係にあった両行が、金融自由化を睨んで規模の拡大とコストの削減を目的に行ったもの。

太陽神戸三井の誕生時点ではバブルは崩壊しておらず、協和埼玉誕生時点ではバブル崩壊は始まったばかりで、生き残りをかけた再編ではなかった。

金融危機勃発以前の再編としては最後になったのが三菱銀行と東京銀行の合併である。

不動産融資に消極的だったがために、バブル最盛期には他行に比べ収益力で見劣りしていたが、バブル崩壊後はそれが俄然アドバンテージになったのが三菱。

長期信用銀行3行などにしか認められていなかった金融債の発行を、都銀では唯一認められていた、ブランド力の高い東京銀行。

両行の合併は勝ち組同士の対等合併という位置づけだった。

長信銀も巻き込んだ再編へ

1997年に北海道拓殖銀行が破たんすると、金融債の発行が可能なエリート銀行という位置づけだった長期信用銀行3行の不良債権問題も表面化。

日本長期信用銀行（長銀）は1998年10月、日本債券信用銀行（日債銀）は同年12月に破たんし、国有化された。

その後両行は外資系ファンドに売却され、長銀は新生銀行、日債銀はあおぞら銀行に行名を変えた。

破たんを免れた日本興業銀行は富士、第一勧銀との3行合併の道を選んだ。

発足当初はリテール部門を担当するみずほ銀行と、法人部門を担当するみずほコーポレート銀行の2行に、3行の業務を振り分けたが、2013年にみずほコーポレート銀行はみずほ銀行に吸収され、消滅している。

住友と太陽神戸三井改めさくらとの統合は、住友と三井という財閥系同士の統合として注目を集めた。

三和は東海と統合し、UFJ銀行となって独自の生き残りを目指したが、4年後に検査忌避を理由とする金融当局の追い込みに屈する形で、東京三菱との統合を余儀なくされた。

単体預金量は三菱UFJが152兆円、三井住友が116兆円、みずほが119兆円（いずれも20

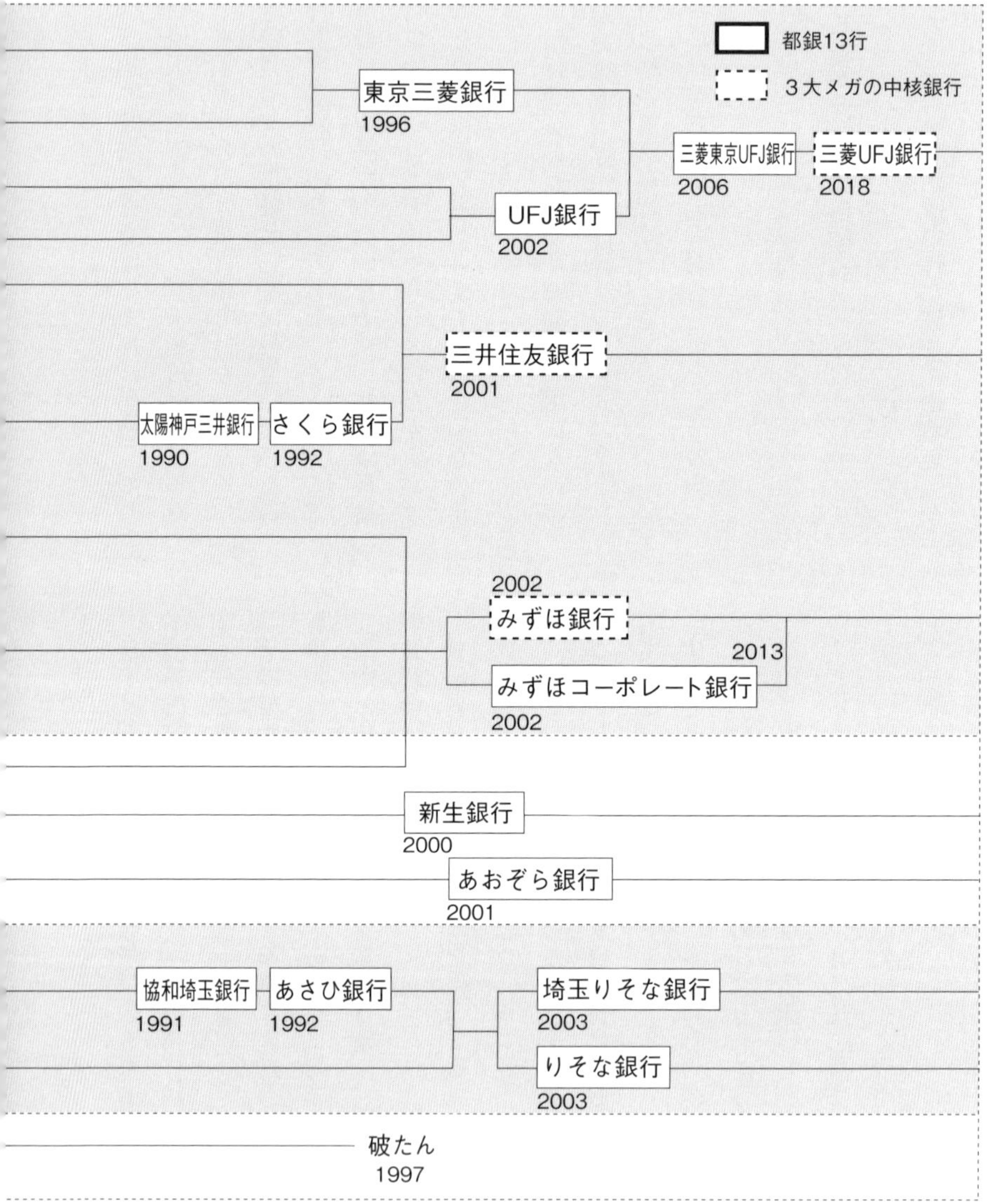
都銀13行
3大メガの中核銀行
東京三菱銀行
1996
UFJ銀行
2002
三菱東京UFJ銀行
2006
三菱UFJ銀行
2018
三井住友銀行
2001
太陽神戸三井銀行
1990
さくら銀行
1992
2002
みずほ銀行
2013
みずほコーポレート銀行
2002
新生銀行
2000
あおぞら銀行
2001
協和埼玉銀行
1991
あさひ銀行
1992
埼玉りそな銀行
2003
りそな銀行
2003
破たん
1997

都市銀行・長信銀３行再編史

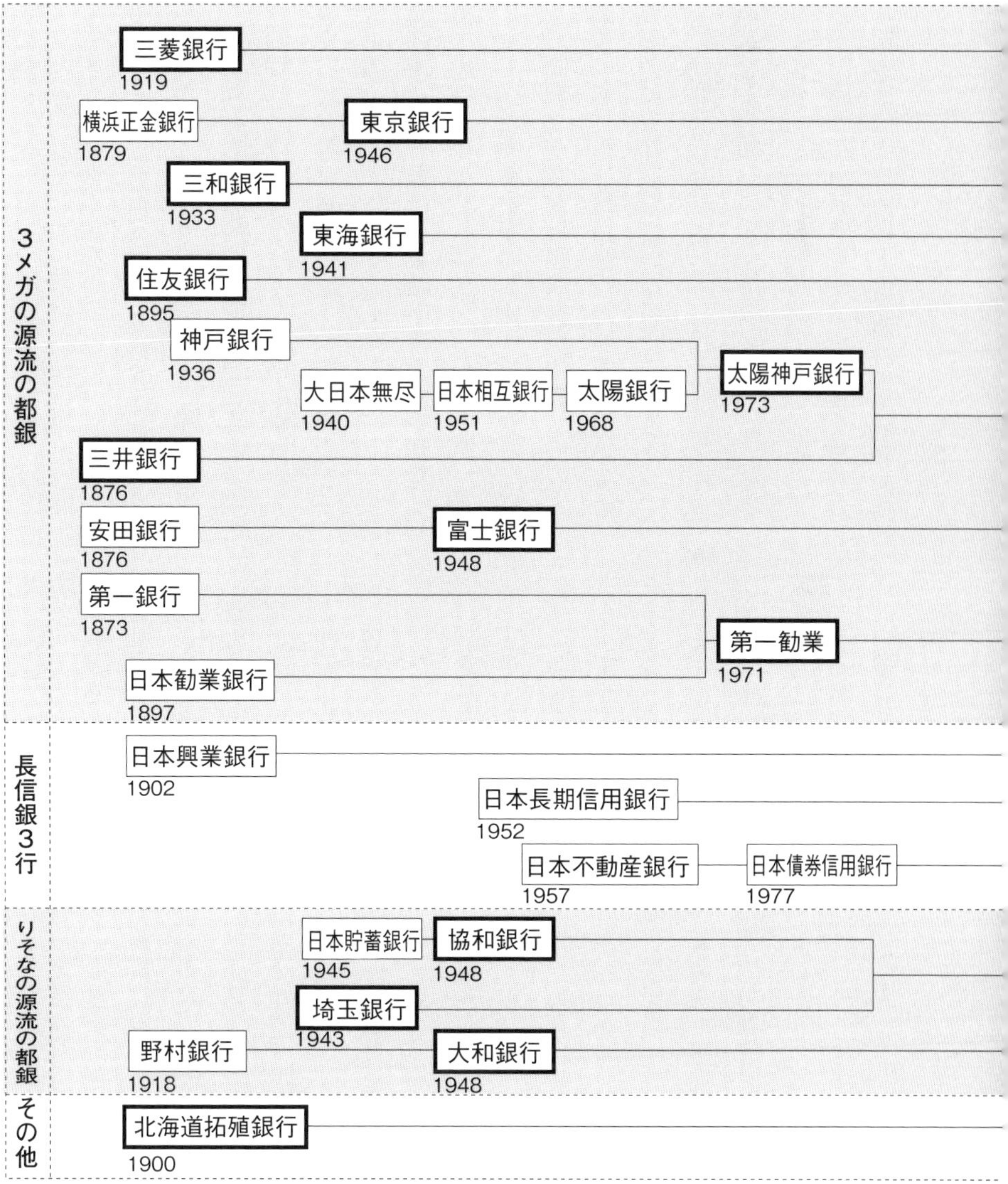
３メガの源流の都銀
三菱銀行
1919
横浜正金銀行
1879
東京銀行
1946
三和銀行
1933
東海銀行
1941
住友銀行
1895
神戸銀行
1936
大日本無尽
1940
日本相互銀行
1951
太陽銀行
1968
太陽神戸銀行
1973
三井銀行
1876
安田銀行
1876
富士銀行
1948
第一銀行
1873
第一勧業
1971
日本勧業銀行
1897
長信銀３行
日本興業銀行
1902
日本長期信用銀行
1952
日本不動産銀行
1957
日本債券信用銀行
1977
りそなの源流の都銀
日本貯蓄銀行
1945
協和銀行
1948
埼玉銀行
1943
野村銀行
1918
大和銀行
1948
その他
北海道拓殖銀行
1900

筆者作成

19年3月末時点）であるのに対し、りそなは26兆円と、規模にかなりの差があるので、りそなは都銀ではあってもメガバンクではない。

このため、りそな以外を3大メガバンクと呼び、それぞれのコーポレートカラーをもって、赤い銀行、緑の銀行、青い銀行という隠語で呼ぶ習慣もある。

なお、金融行政上は、埼玉りそなも都市銀行に分類しているが、預金量は地銀トップの横浜銀行を下回る水準である。

実際、免許業者の一覧に、金融庁側の困惑が見てとれる。第二地銀のリストの最後に、「その他」というくくりで1行だけ別枠で掲載されているのだ。

おそらく、埼玉りそなが地銀64行が加盟している地方銀行協会にも、第二地銀39行が加盟している第二地方銀行協会にも加盟していないためだろう。

信託、証券も再編

3大メガバンクが生き残りをかけた再編を繰り返していた時期とほぼ同時期に、信託銀行や証券会社の世界でも生き残りをかけた再編が起きていた。

3大メガバンクはいずれも、信託や証券を自陣営に取り込むことで、金融のノンストップサービスを提供できる体制を整える方策に打って出た。

この結果、金融持株会社の下に、銀行、信託銀行、証券会社、投資顧問会社、リース、ノンバンク、リサーチ・コンサル会社がぶら下がるフィナンシャルグループを構成している。

各メガバンクグループ傘下の主要会社は以下の通り。

〈三菱ＵＦＪフィナンシャルグループ〉

三菱ＵＦＪ銀行

三菱ＵＦＪ信託銀行

三菱ＵＦＪ国際投信

三菱ＵＦＪ証券ホールディングス

その傘下に三菱ＵＦＪモルガン・スタンレー証券

モルガン・スタンレーＭＵＦＧ証券

三菱ＵＦＪニコス

アコム

三菱ＵＦＪリース

〈三井住友フィナンシャルグループ〉
三井住友銀行
ＳＭＢＣ信託銀行
三井住友ＤＳアセットマネジメント
ＳＭＢＣ日興証券
三井住友カード
セディナ
ＳＭＢＣコンシューマーファイナンス
日本総合研究所
〈みずほフィナンシャルグループ〉
みずほ銀行
みずほ信託銀行
アセットマネジメントＯｎｅ
みずほ証券
みずほ総合研究所

この結果、次の項で紹介する信託銀行は、７大信託銀行のうち、住友信託銀行を除く６社が３大メガバンクグループの傘下に入ったのだが、住友信託だけは三井住友銀行傘下に入らず、独自の路線を歩んでいる。

証券会社はかつての４大証券（野村、大和、日興、山一）のうち、山一は破たん、営業権や従業員は米国の大手金融業者であるメリルリンチが日本法人を作って引き継いだが、その営業権の一部は、メリルリンチと三菱ＵＦＪの合弁会社に引き継がれたため、現在は三菱ＵＦＪ傘下の三菱ＵＦＪモルガン・スタンレー証券に引き継がれている。

日興証券は三菱系だったにもかかわらず、米国シティグループに買収されたが、リーマンショックを機にシティグループが売却。買ったのは三井住友グループだったため、現在では三井住友フィナンシャルグループ傘下にある。

大和証券は、一時期三井住友グループと提携関係にあったが、後に提携を解消、現在は独立系に戻っている。

４大証券の中で、唯一、銀行系列に一度も入ることなく、独立性を維持しているのは野村証券だけである。

4

信託銀行
——銀行業界のプレーヤー②

23年間続いた信託7行＋1体制

普通の銀行業務と並行して、信託業務をメインに扱う信託銀行。現在、金融庁から信託銀行の免許を得ている銀行は全部で14行ある。

実は1990年代半ばから後半にかけての時期には、今の倍以上の33〜34行が免許を得ていた。

それが1999年を最後に減少に転じ、減少の一途をたどって14になったのである。

信託銀行の「信託」はまさに信じて託す。お金や不動産、株式など資産を資産家から託され、運用して利益を上げ、そこから運用手数料をもらうという事業は、1922年（大正11年）に法律ができて免許制になったらしい。

当時は銀行との兼営は認められていなかったようで、各財閥は信託銀行ではなく信託会社を設立してこの事業に参入した。

昭和初期には最大50社前後が参入していたようだが、戦時下で資産の運用も何もないわけで、事業は縮小の一途をたどり、太平洋戦争中の1943年に銀行との兼営が認められると、信託会社を吸収合併する銀行が急増したらしい。

戦後、大蔵省が普通銀行から信託業務を分離する政策を推し進めたので、1959年に三和銀行と神戸銀行の信託業務を引き継ぐ形で東洋信託銀行が、1962年に東海銀行と朝日銀行（後に第一銀行が吸収合併）の信託業務を引き継ぐ形で中央信託銀行が設立された。

これ以降、規制が緩和される1985年までの約

23年間、信託銀行は７行体制が続くことになる。

ちなみに、大和銀行だけは信託業務の分離を強硬に拒絶し続けたため、信託業務ができる銀行は信託７行＋大和の計８行だった。

金融危機を機に再編開始

１９８５年の規制緩和で外国銀行による信託銀行設立が可能になり、信託銀行の数は一挙に16にまで増えた。

モルガン信託銀行、日本バンカーストラスト信託銀行、チェース・マンハッタン信託銀行などが草分けで、シティトラスト信託銀行、ケミカル信託銀行、クレディ・スイス信託銀行などが相次いで設立された。

１９９４年にさらなる規制緩和が実施され、金融機関が信託子会社を設立できるようになると、普通銀行や証券会社が子会社の形で信託銀行を設立。信託銀行の数はさらに増加し、30行の大台に乗ったのは１９９６年。１９９９年に34行に達したが、金融危機で漸減に向かった。

２０００年に中央信託が三井信託と合併すると、規制緩和で誕生した金融機関系信託銀行の再編も進み出す。

三菱信託は３大財閥系ではない日本信託をいち早く統合、その後も銀行の動きとパラレルに、三和系の東洋信託を取り込んでいる。

みずほは安田信託を核に、銀行の信託子会社を取り込んでいる。

旧７大信託銀行の中で、特異な動きをしたのは住友信託銀行である。

本来なら、三井住友フィナンシャルグループは住友信託を取り込むところだが、住友信託は信託７行の中でも独自路線を行く経営方針で知られ、三井住友フィナンシャルグループには取り込まれず、全く別に、三井住友トラスト・ホールディングスを設立し、資産運用機能を統合する形をとっている。

同じ旧住友グループでありながら、三井住友フィナンシャルグループとの間に直接的な資本関係はない。

現在、三井住友トラスト・ホールディングスの中

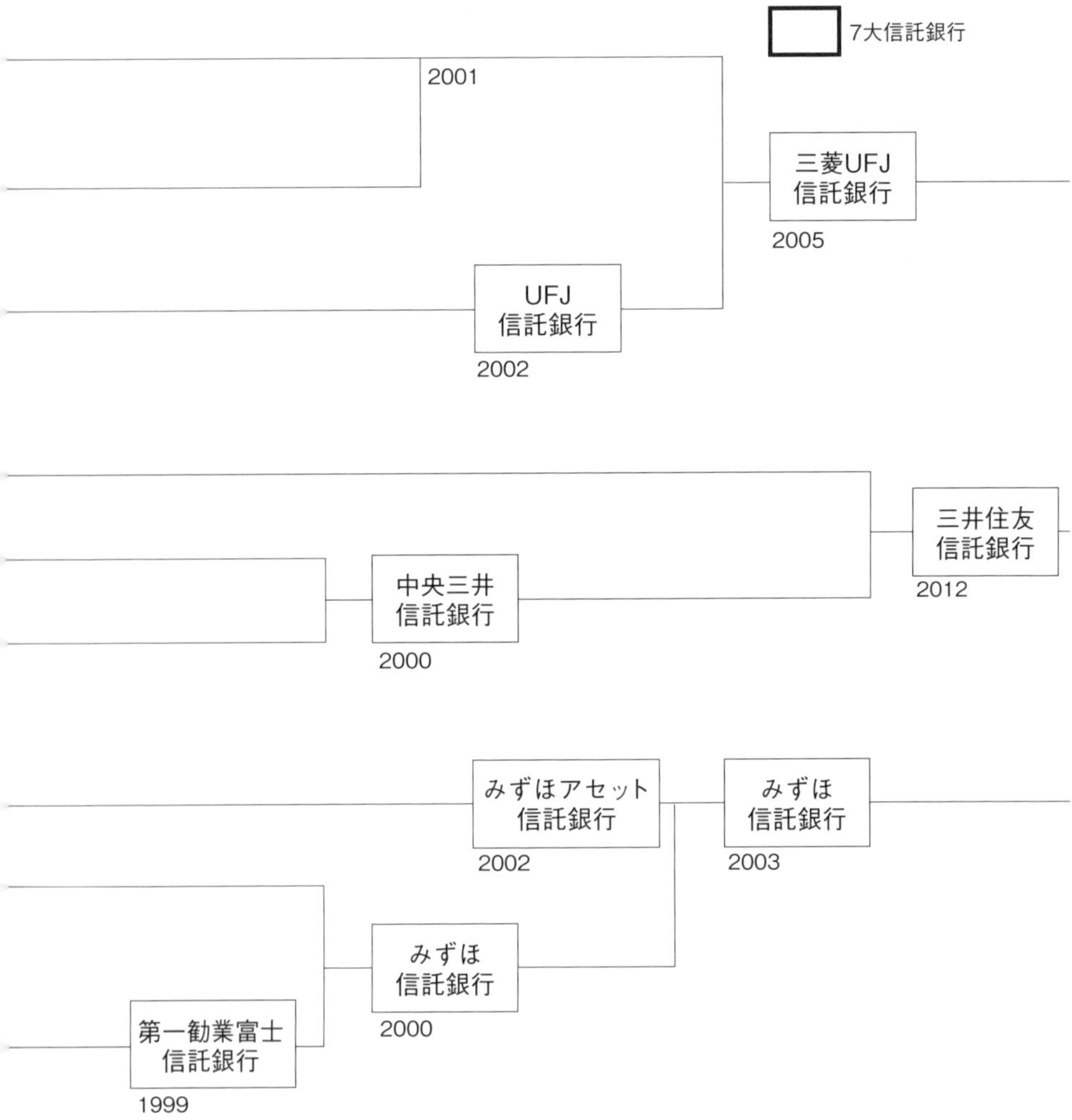
7大信託銀行
2001
三菱UFJ
信託銀行
2005
UFJ
信託銀行
2002
三井住友
信託銀行
2012
中央三井
信託銀行
2000
みずほアセット
信託銀行
2002
みずほ
信託銀行
2003
みずほ
信託銀行
2000
第一勧業富士
信託銀行
1999

7大信託銀行再編史

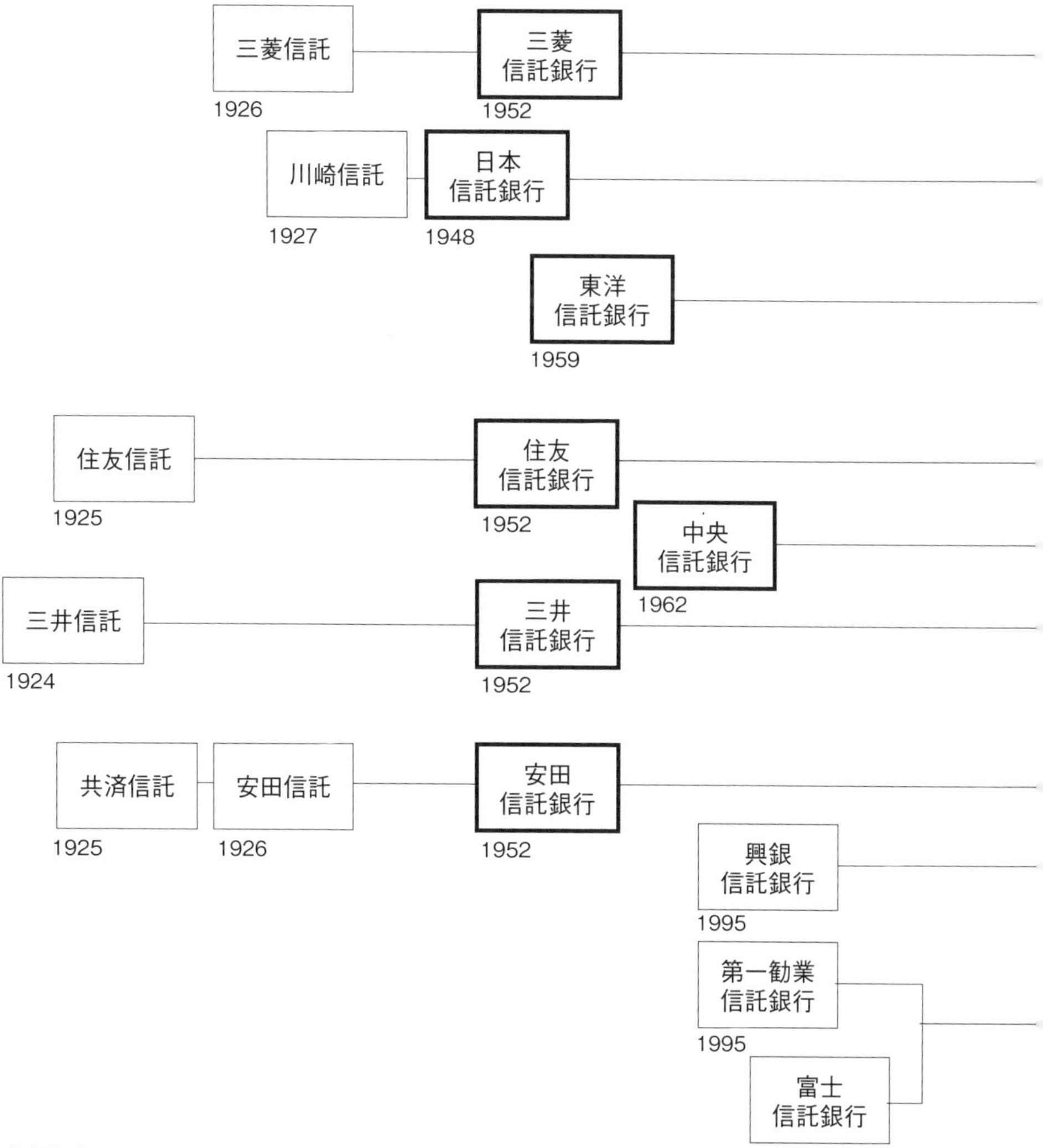

筆者作成

信託銀行の数の推移

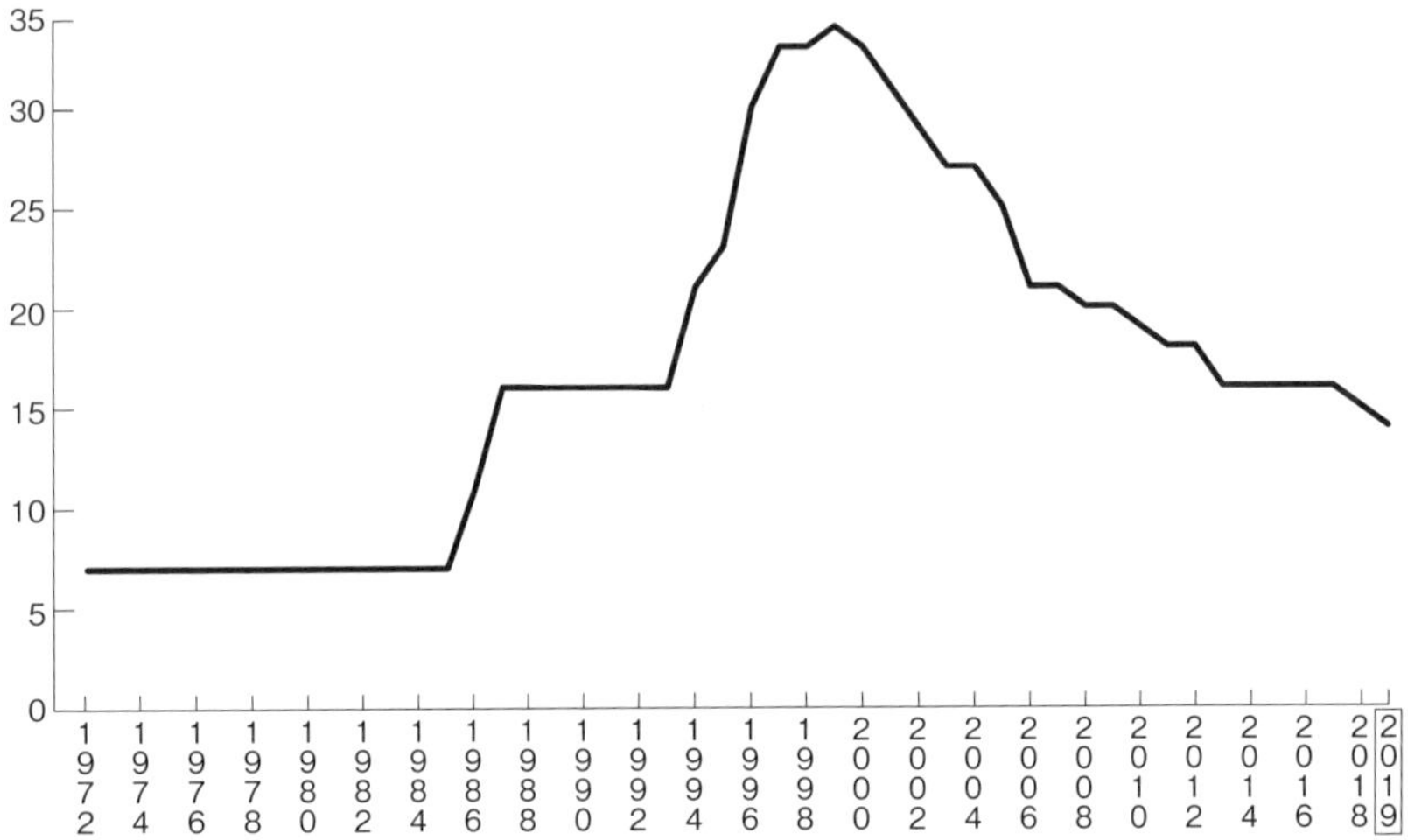

出所：預金保険機構年報　各年３月末時点

核会社は三井住友信託銀行。傘下企業は三井住友トラスト・アセットマネジメント、三井住友トラスト不動産、リース会社の三井住友トラスト・パナソニックファイナンスなど。

証券は旧来型の証券会社ではなく、ＳＢＩグループと連携をとっており、住信ＳＢＩネット銀行をＳＢＩグループと合弁で設立している。

ちなみに、三井住友フィナンシャルホールディングス傘下の信託銀行であるＳＭＢＣ信託銀行は、１９８６年設立の外国銀行系信託銀行・旧ケミカル信託銀行である。

5 地銀・第二地銀

——銀行業界のプレーヤー③

地元での影響力は甚大

一般社団法人全国地方銀行協会（略称地銀協）に加盟している銀行を地方銀行という。２０１９年10月末現在64行ある。

１８７２年（明治５年）に国立銀行条例が制定され、同条例に基づいて、渋澤栄一が設立した日本初の国立銀行が、第一国立銀行（現・みずほ銀行）だという話、中学もしくは高校の日本史の授業で学習した覚えがあるだろう。

一定のお金を払えば民間人でも国立銀行の設立申請をすることができたため、雨後の竹の子のごとく全国で国立銀行の設立が相次いだ。

今は銀行券の発券は日本銀行にしか許されていないが、当時は各銀行に発券を許していたため、インフレが発生。銀行設立免許発行は第百五十三国立銀行を最後に終了。

さらに、１８８３年に法改正を行い、開業から20年を経過した後は、普通銀行への転換を義務づけられ、国立銀行は１８９９年までに普通銀行に転換している。

この国立銀行をルーツとしている銀行は地銀には少なからずあり、数字名の銀行はその名残り。

数字名の銀行同士で合併した際、その合計の数字を新たな銀行名にしているケースもある。

仙台の七十七銀行は実際に七十七番目に国立銀行の許可が下りた銀行だが、長野の八十二銀行は十九銀行と六十三銀行の合併で誕生したため、合併後の行名を八十二銀行にしている。

歴史も伝統もあり、本店所在地では大きな影響力を持ち、頭取は地元の名士という例は少なくない。

平成バブルまでは都市銀行上位行との株式持ち合いによる提携関係も密で、都銀が自らの地元に進出してくることを阻止したり、地銀の余剰資金の運用を都銀に頼んだりといった関係だった。

だがバブルが崩壊し、都銀側に系列地銀の面倒を見る余裕はなくなり、株式の持ち合いの解消も進んで、かつてのような濃厚な関係ではなくなっている。

地域に根ざした経営方針という点では、信用金庫や信用組合と共通するが、組織形態は株式会社で、営利を追求することが目的。

共同組織で営利追求を目的にしていない信金や信組とは目的が異なる。

営業エリアについても、信金や信組がかなり制約を受けるのに対し、地銀は全国どこへ拠点を出してもかまわない。

このため、日銀にほど近い東京日本橋には、今も地銀の看板がずらりと並んでいるが、本拠地及びその周辺以外の地域にはライバルが必ずいるので、結局のところ、一番稼げるのは地元である。

銀行によって規模、体力ともに格差は大きく、預金量トップの横浜銀行と、預金量最下位の富山銀行とでは、およそ30倍の差がある。

近年は日銀のマイナス金利政策の影響もあり、収益環境は厳しい。

融資が伸び悩む中、資金需要を掘り起こせていないことへの金融当局の追求は厳しい。

第二地銀のルーツは無尽

明治の国立銀行をルーツとするなど、生まれながらにして銀行の集団である地銀協に対し、第二地方銀行のルーツは無尽である。

地銀が地銀協加盟行であるように、第二地銀は一般社団法人第二地方銀行協会（略称第二地銀協）に加盟している銀行を指す。

その第二地銀協会のルーツは１９４５年設立の社団法人全国無尽協会である。

１９５１年に相互銀行法が施行され、会員は無尽

地銀、第二地銀の数の推移

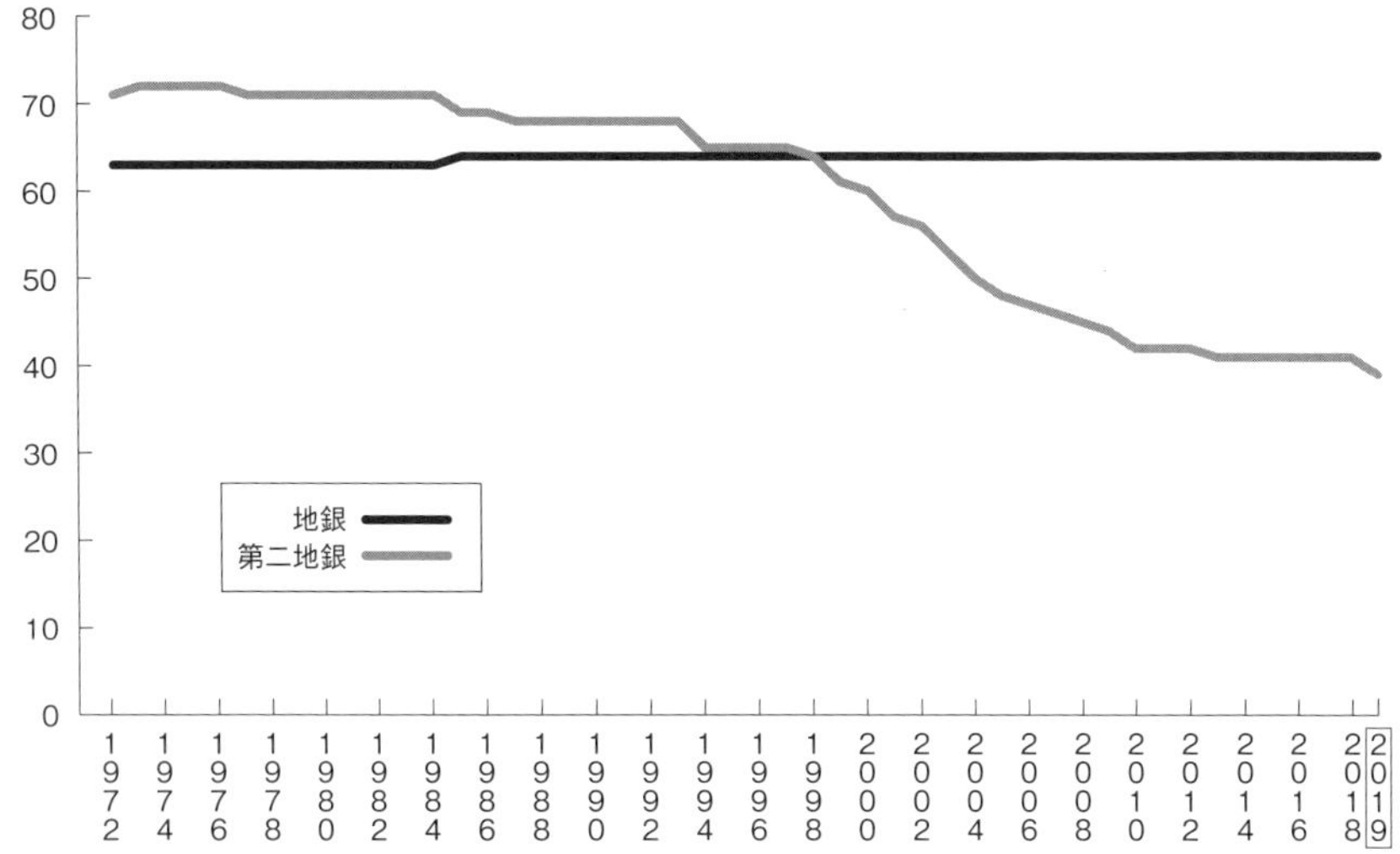

出所：預金保険機構年報　各年３月末時点

から相互銀行に転換。さらに「金融機関の合併及び転換に関する法律」によって、１９８９年に相互銀行から普通銀行に転換、第二地方銀行となった。

ルーツが無尽であるだけに、もともと中小企業などを対象とする、限られたエリア内での営業だったこともあり、総じて地銀に比べると規模は小さい。

一足先に再編が進んでいる信金業界では、再編を重ねた結果、巨大化した信金が現れており、第二地銀と信金上位の差は縮小傾向にある。

第二地銀は地銀に比べ体力に劣る分、再編では先行している。

１９９８年時点では地銀と同数の64行だったが、地銀が当時と同じ64行のままであるのに対し、第二地銀では金融危機直後から再編が進み、現在は39行まで減っている。

ちなみに、三重県の第三銀行は無尽からの転換組で、行名は国立銀行に由来するものではない。

急増している金融持株会社

銀行は持株会社も当局の認可を必要とする。地銀、第二地銀の統合持株会社は、現在15社が免許を得ている。管轄は中核銀行を監督する財務局である。ほぼご近所同士の組み合わせで、例外は北海道と北陸という組み合わせのほくほく。

業態でいえば、地銀同士というケースもあれば、地銀と第二地銀という組み合わせのケースもある。規模については、ほぼ同程度同士なのがフィデアと三十三。

トモニは徳島と香川が同規模。東京きらぼしは八千代と東京都民が同規模。ちなみに八千代はもともとは信組で、後に信金に転換。さらに1991年に普通銀行に転換している。

関西みらいも近畿大阪とみなとがほぼ同規模。関西みらいは、りそなホールディングスの関西系3行を束ねる中間持株会社という位置づけである。

合併までしているのはきらぼしと池田泉州、関西みらいだけで、合併はせず、金融持株会社の下にぶら下げる形になっているところが大半だから、地銀の数は減らないのだろう。

地銀・第二地銀の統合型の銀行持株会社

フィデアホールディングス	
	北都銀行(地銀)
	庄内銀行(地銀)
じもとホールディングス	
	仙台銀行(第二地銀)
	きらやか銀行(第二地銀)
第四北越フィナンシャルグループ	
	第四銀行(地銀)
	北越銀行(地銀)
めぶきフィナンシャルグループ	
	常陽銀行(地銀)
	足利銀行(地銀)
東京きらぼしフィナンシャルグループ	
	きらぼし銀行
	八千代銀行(第二地銀)
	東京都民銀行(地銀)
	新銀行東京(その他銀行)
コンコルディア・フィナンシャルグループ	
	横浜銀行(地銀)
	東日本銀行(第二地銀)
三十三フィナンシャルグループ	
	三重銀行(地銀)
	第三銀行(第二地銀)
ほくほくフィナンシャルグループ	
	北陸銀行(地銀)
	北海道銀行(地銀)
池田泉州ホールディングス	
	池田泉州銀行
	池田銀行(地銀)
	泉州銀行(地銀)
関西みらいフィナンシャルグループ	
	関西みらい銀行(地銀)
	関西アーバン銀行(第二地銀)
	近畿大阪銀行(地銀)
	みなと銀行(第二地銀)
山口フィナンシャルグループ	
	山口銀行(地銀)
	もみじ銀行(第二地銀)
	北九州銀行(地銀)
トモニホールディングス	
	徳島銀行(第二地銀)
	香川銀行(第二地銀)
	大正銀行(第二地銀)
ふくおかフィナンシャルグループ	
	福岡銀行(地銀)
	熊本銀行(第二地銀)
	親和銀行(地銀)
	十八銀行(地銀)
西日本フィナンシャルホールディングス	
	西日本シティ銀行(地銀)
	長崎銀行(第二地銀)
九州フィナンシャルホールディングス	
	鹿児島銀行(地銀)
	肥後銀行(地銀)

6

信金・信組
——銀行業界のプレーヤー④

中央機関が経営を支援

地銀、第二地銀よりもいっそう地域密着度が高いのが信用金庫と信用組合。２０１９年10月末現在で信用金庫は２５７、信用組合は１４６ある。

監督官庁は金融庁。担当部署は監督局銀行二課の中にある協同組織金融室だが、普段の監督は地銀や第二地銀同様、財務省の出先機関である各地の財務局が受託している。

どちらも営利目的の株式会社組織ではなく、会員、組合員の出資による、非営利の協同組織。

預金口座を開くにせよ、お金を借りるにせよ、その信金、信組が当局に届け出て許可を得ている営業エリア内に個人なら住所があるか、勤務しているか、法人なら事業所があるかのいずれかである必要がある。

さらに、預金は会員・組合員でなくてもできるが、融資を受けるには原則、会員になる必要があり、会員・組合員になると、株式会社の株主総会にあたる総代会では出資額に関係なく１人１個の議決権が与えられる。

また、信用金庫には信金中央金庫、信用組合には全国信用組合連合会（全信組連）という中央機関がある。中央機関というのは、親会社のような存在ではなく、むしろ全国の信用金庫や信用組合の経営を支援・サポートする役割を担っていて、どちらかというと全国の信用金庫や信用組合を「お客様」として扱っている印象すらある。

普通銀行が余った資金を日銀の当座預金に預ける

信金・信組の預金者、貸出先、出資者との関係

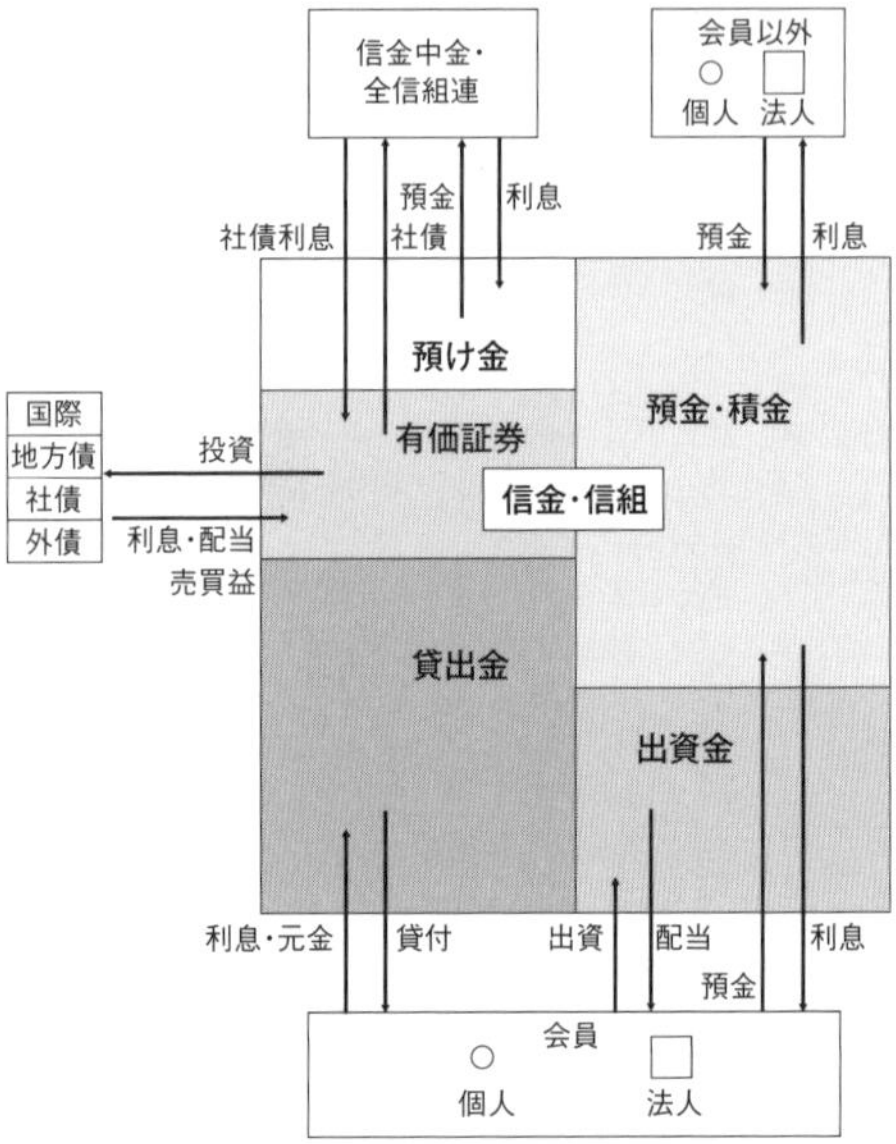

筆者作成

普通銀行の預金者、貸出先、株主との関係

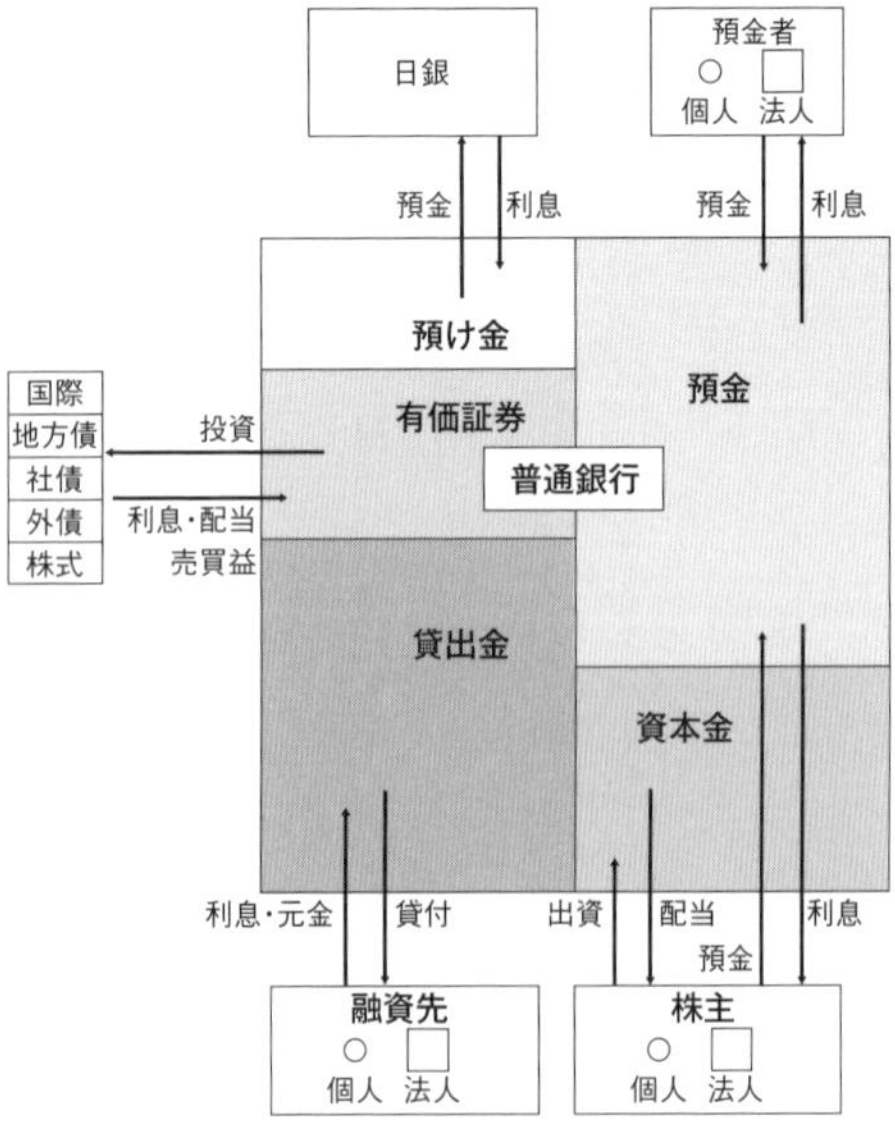

筆者作成

のに対し、信金・信組は中央機関に預ける。

一応信金は日銀に当座預金を持つことができるが、余資は基本的に中央機関に預け入れる。

経営を安定化させるために、国は必要に応じて公的資金を投入する制度も設けている。普通銀行には金融庁から直接注入するが、信金・信組には各中央機関に注入し、そこから間接的に注入対象の信金・信組に注入する建て付けにしている。

直接各信金・信組に注入せず、中央機関を経由させるのは、公的資金を受け入れた金融機関が負う説明責任を中央機関に負わせるためだ。

報告の煩雑さと行政の介入を嫌がった信金業界は東日本大震災直後に一度だけ公的資金の受け入れをしたが、それ以降は信金業界内で持っている独自の資金支援制度を使っている。

ちなみに、信金中金と全信組連の許認可権者はどちらも金融庁。監督も財務局への委託はせず、金融庁が直接監督している。

信金と信組とでは、細かいところでは多少の違いもある。信用金庫は預金は会員にならなくても無制限に可能だが、融資を受けるには会員になる必要がある。

法人の場合は従業員３００人以下または資本金９億円以下でないと会員にはなれない。

信用組合は出資者を会員ではなく組合員と呼び、預金も組合員でなくてもできるとはいえ、組合員であることが原則。信用組合側では、受け入れている総預金額の２割までしか非組合員からの預金の受け入れをすることができない。

いずれにしても、細かいところが違うだけで、よく似ているのに、根拠法が違う。信用金庫は「信用金庫法」、信用組合は「中小企業等協同組合法」と「協同組合による金融事業に関する法律」。

先にできたのは中小企業等協同組合法（１９４９年制定）。この法律は信用組合に手形割引や組合員以外からの預金受け入れを許さなかったりと制約が多く、都市部の中小企業経営者にとって不便だったため、別途信用金庫法を１９５１年に制定、利便性の高い組織を作ったということらしい。

創業時期が１９５１年以前の信金は、信用金庫法誕生時に信用組合から信用金庫に転換したものということのようだ。

50年で信金は半減、信組は7割減

預金保険機構という組織が、金融機関の破たん時に預金者の預金を守るために1972年に誕生しているのだが、同機構が誕生した際、信用金庫は483、信用組合は524あったという。

それが今や259と146。信金の数は50年で半減、信組は7割以上減った計算になる。

特に1990年代末期に未曾有の金融危機を迎える少し前あたりから、加速度的に減少している。

この50年間、地銀がたった1行しか減っていないのと比べると対照的だ。

規模が小さく、体力がない信用金庫や信用組合が、金融危機の到来で一気に淘汰されたのである。

まだまだ数が多すぎるという一部識者の見解が報道されることがあるものの、必要な淘汰はほぼすんでいるというのが当局の認識である。

株式会社組織の銀行とは異なり、協同組織形態の金融機関には営利を追求するミッションはなく、経営が傾かない程度に稼ぐ必要があるだけだ。

全国津々浦々に存在する信金・信組には、社会のインフラとしての預金受入機能があることを重視してのことである。

このため、現在地銀にかけられているのと同様のプレッシャーが、いずれ信金・信組にも向かうとする説について、当局側は繰り返し否定している。

むしろ、近年の統合は強者同士の統合が目立つ。

受け入れた預金をどれだけ貸出に回したかを示す預貸率は、信金も信組も平均5割前後と低水準。

有価証券運用もリスクが大きいので、積極的にはできない。そんな信金信組の運用を支えているのは中央機関だ。

貸出に回せないから預金受入は非効率という発想は、非営利の協同組織金融機関には馴染まない。

それでも逆ざやになって、預金者に支払う預金金利が収益を圧迫するというのならいざ知らず、運用を中央機関が支えることで、使命をまっとうできる

信用金庫、信用組合の数の推移

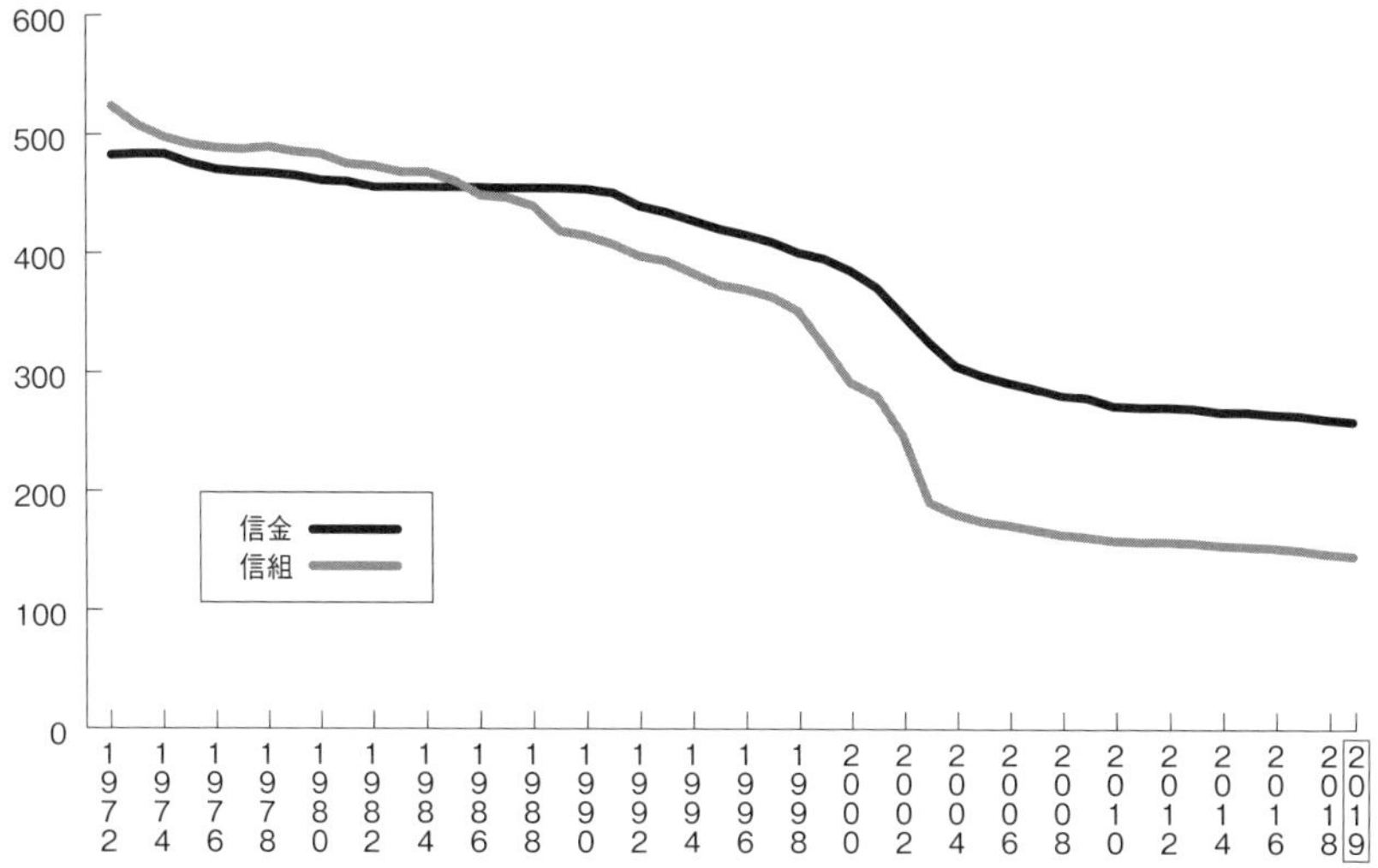

出所：預金保険機構年報　各年３月末時点

業界構造になっているのである。

自己資本比率は総じて高水準

預貸率は低い一方、総じて自己資本比率は高水準だ。ここでいう自己資本比率とは、金融行政上の尺度として用いられているもので、会計一般に使用されている、純資産もしくは株主資本を総資産で割って出す自己資本比率とは概念も計算方法も異なる。

詳しい計算方法は次章に譲るが、この自己資本比率、高ければ高いほどよいというものでもない。

国際業務を手がける金融機関は８％以上、国内業務のみを手がける金融機関は４％以上を維持しなければならず、これを下回ると当局から早期是正措置が発動される。

金融危機から既に20年が経過し、不良債権処理の傷跡も癒えて久しいにもかかわらず、各信金・信組の融資姿勢は相変わらず慎重。

だからこそ預貸率も低水準のままなのだが、自己資本比率の計算上、貸出はリスク資産として認識されるため、貸出残高を伸ばすと自己資本比率が下がるという現象が起きる。

このため、貸出に消極的な信金・信組ほど高水準の自己資本比率になってしまうのである。

特に、信用組合の中でも小規模な職域組合にそれは顕著だ。

信用組合の形態には、地域の個人や法人が組合員になる、最も一般的な地域信用組合のほか、同じ業種の人たちで作る業域信組、特定の官公庁や企業グループに勤務する人たちで作る職域組合、それに在日外国人が作る民族系組合がある。

住宅ローン事業もやっていない職域組合などでは、自己資本比率がとんでもない高水準となっているケースがあり、普通に中小企業に融資を出している地域組合との比較はナンセンスだ。

地銀を凌ぐ？　業界上位の信金信組

再編が早かった分、巨大化している信用金庫は少なくない。預金量で信金トップの京都中央信金は、地銀の30位あたりと同水準で、第二地銀2位の京葉銀行をもしのぎ、地銀の中でも有力行で知られる第四銀行に肉薄している。

信組トップの近畿産業信組も第二地銀の中堅あたりと同水準の残高だ。

信金・信組は非営利であることから、税の優遇を受けているのだが、上位信金がこの規模であることを理由に、この税の優遇がやり玉に上がるということが定期的に起きている。

過去に当局が有識者を招いて審議会まで開き、議論を尽くし、税の優遇を廃止する必要性はないという判断に至っているのだが、やり玉に上げる側が過去の議論を知ってか知らずか、この議論は10年ほど経つと蒸し返されるのである。

7 新たな形態の銀行
——銀行業界のプレーヤー⑤

「新たな形態の銀行」の属性は様々

「新たな形態の銀行」に分類されている銀行は、都銀でも信託銀でも地銀でも、外国銀行の支店でもないからここに分類されているにすぎない。

２０１９年10月末時点で、合計15行が認可を得ているが、属性は様々。

大雑把に分けると、

① ネット専業銀行
② 商業施設との連携を主体にする銀行
③ 一度破綻して再生した旧長信銀
④ ゆうちょ銀行など①～③のどれでもない銀行

となる。

既に死語となっている「金融ビックバン」。１９９６年に第二次橋本龍太郎内閣が、日本経済再生の起爆剤として金融分野の規制改革を提唱したものだ。

フリー（市場原理が機能する自由な市場）、フェア（透明で公正な市場）、グローバル（国際的で時代を先取りする市場）を目指すのだという目標のもと、デリバティブが解禁になったり、投資信託の銀行窓販（銀行の窓口で投資信託を売る）が解禁になったりした。「自己責任」が盛んにいわれ出したのもこの頃からだ。

世は平成バブルの後始末がようやく本格化し始めたところで、まさに金融危機前夜。

護送船団方式の大蔵省による金融行政が破たんし、金融庁が誕生したばかり。何か新しいことに挑戦しなければ事態を打開できないという危機感が、世の中全体に漂っていたのは間違いない。

ネット銀行にしろ、商業施設との連携型の銀行にせよ、従来の枠組みからはずれる営業形態だが、何か法改正があって登場したというよりは、法改正があとからついてきたといったほうがいい。

事業会社が相次いで銀行業への参入を表明したため、当局側では事業会社の機関銀行化しないような手当てを考える必要に迫られたのである。

ネット銀行1番手はジャパンネット銀行

店舗を持たないネット専業バンクの免許を最初に取得したのはジャパンネット銀行。

２０００年9月取得で、戦後、普通銀行の免許を取得した初のケースとしても話題になった。

さくら銀行（当時）、住友銀行、富士通、東京電力、ＮＴＴドコモなどの共同出資で設立され、その後ヤフー（当時。現Ｚホールディングス）が出資者に加わり、現在の筆頭株主は46・57%ずつ仲よく保有しているヤフーと三井住友銀行である。

2番手はソニー銀行。さくら銀行と住友銀行の合併から2か月後の三井住友との合弁で、２００１年6月に免許を取得している。

3番手はイーバンク。現在は楽天銀行の名称で営業している。免許取得は２００１年7月。ライブドアから出資を受けるなど、紆余曲折を経て２００８年5月楽天に買収され、２０１０年5月から楽天銀行に名称を変えている。

この後数年間間が空き、２００７年9月にＳＢＩホールディングスと、住友信託銀行の合弁で住信ＳＢＩネット銀行が開業。

翌２００８年6月には、ＫＤＤＩと三菱ＵＦＪ銀行の合弁でじぶん銀行が開業している。

２０１１年に大和証券が大和ネクスト銀行を開業してから、また暫く間が開き、２０１８年6月にＧＭＯあおぞらネット銀行が開業した。

同社の法人格のルーツは、銀行に信託子会社の設立が解禁されたことを機に、１９９４年に設立された、日債銀信託銀行。

その後日債銀が破たんし、ソフトバンクが日債銀（現あおぞら銀行）の再生スポンサーとなった縁で、いったんはネット銀行の設立を模索したが、後に破談になり、12年の時を経て、ＧＭＯとの合弁で参入に漕ぎつけた。

セブンはＡＴＭ運営のために銀行免許取得

②の商業施設との連携を主体にする銀行の代表各は、イオン銀行とセブン銀行。

まずイオン銀行は、実は営業手法は従来型の銀行とほぼ同じ。商談場所がイオンのショッピングセンター内に設けられたスペースというだけだ。

これに対し、セブン銀行は銀行免許取得の目的が全く違う。

セブン銀行の主力事業はＡＴＭの運営である。全国のイトーヨーカドーや、セブンイレブンの店内に設置されているＡＴＭを顧客が利用すると、その都度、その顧客が口座を持っている銀行がセブン銀行に利用手数料を支払う。

開業当初は提携先の金融機関が数行しかなく、つまりセブン銀行のＡＴＭで預金を下ろせる銀行は数行しかなかったが、現在では全国の地銀、信金、信組、労金、農協、漁協にいたるまで、ほぼ全ての金融機関と提携している。

このため、セブン銀行にとって、他の銀行は競争相手ではなく主要顧客。

預金口座を開いたり送金したりはできるが、普通の銀行が手がけている、オーソドックスな銀行業務は手がけていない。

２０１８年10月に開業したローソン銀行も同じビジネスモデルだ。

破たんした日本長期信用銀行と日本債券信用銀行の事業を引き継いだ新生銀行とあおぞら銀行も、ここに分類されているが、やっていることは極めてオーソドックスな普通銀行の業務だ。

都銀でも地銀でも第二地銀でもないというだけの理由で、ここに分類されている。

8

外国銀行の支店

――銀行業界のプレーヤー⑥

支店は預金保険の対象外

外国銀行が日本に支店を開くにも免許は必要だ。2019年10月末時点で、外国銀行の支店免許を取得している銀行は合計56行。

国別の内訳は、台湾が最も多い8行、アメリカが6行、中国と韓国が5行、フランスが4行、オーストラリア、シンガポール、ドイツが3行、インド、イギリス、スイス、フィリピン、ブラジルが各2行ずつ、イタリア、インドネシア、オランダ、カナダ、スペイン、タイ、パキスタン、ベルギー、香港が各1行ずつ。

実はこの他にもう1行、外国銀行が日本に出した店舗がある。前項の「新たな形態」に分類されているSBJ銀行である。

同行は韓国の大手銀行の日本法人だが、支店免許ではなく日本の銀行として免許を取得している。

かつては米国のシティバンクも同様の免許を取得していたが、現在は支店免許に切り替えている。

支店免許との最大の違いは預金保険の扱いだ。金融機関が預金の払い戻しができなくなった時に、普通預金と当座預金合計で1000万円まで預金保険機構が払ってくれるのが預金保険制度。

預金保険制度は預金保険機構という組織に、銀行が払い込んでいる保険料で維持されている。支店免許だと保険料負担がない代わりに保険対象からも除外されているのである。

9 ゆうちょ銀行

――銀行業界のプレーヤー⑦

預金量は三菱ＵＦＪを抜き国内トップ

ゆうちょ銀行の２０１９年3月末時点の預金量は１７９兆６２５０億円。三菱ＵＦＪ銀行の１５２兆８７０６億円を上回り、今年も日本一の座は譲らなかった。

２００７年の郵政民営化から12年。今もゆうちょ銀行の株式は、日本郵政が89％を保有しており、その日本郵政の株式の63・29％は今も国が保有している。このため、法人の組織形態は株式会社でも、国が支配する会社として、業務範囲は大幅に制限されている。

現在ゆうちょ銀行で取り扱っているのは、貯金業務と送金業務、それに住宅ローンの取次業務。

住宅ローンについては、スルガ銀行のローンの取次を扱っていたが、アパートローン問題で取扱をやめ、現在はソニー銀行の住宅ローンの取次を行っている。

ゆうちょ銀行は２０１２年に、住宅ローンやカードローンなどの個人向け貸付業務、住宅ローンとセットで売れる火災保険など損害保険の募集業務、企業向け融資の3点を、新規事業として認可してもらうべく、金融庁と総務省に申請している。

だが、民業圧迫であるとする金融界からの反発は強く、後に撤回。口座貸越による貸付業務の認可を取得し、細々とではあるが、貸付業務を開始している。

とはいえ、巨額の預金は有価証券での運用に止まっている。

Chapter 4

銀行の業務

1

組織図からわかる銀行の業務

難解な銀行業務をどうやって理解するか

銀行の3大業務は「預金」「貸出」「為替」である——。教科書にはそう書いてあって、確かにその通りなのだが、銀行の業務は他の一般事業会社がやっていることに比べ、極めて専門性が高いので、具体的に理解しようとするとけっこう難しい。

実際、新聞に出ている銀行の記事は専門用語だらけ。業務純益に利ザヤに自己資本比率云々。

用語の知識がないと、まず読みこなすことはできない。日銀が短期金利をゼロ金利に誘導したから、銀行の収益が縮小して危機的な状況にあるとは書いてあるけれど、なぜそういうことになるのか、すぐに回答できる学生は、ごく一部の突出して優秀な学生に限られるだろう。

つまるところ、銀行が何をしているのか知るには、金融の仕組みそのものを理解する必要があるのだが、そのためのツールに何を使ったらいいのか。

本書では組織図と決算書（貸借対照表と損益計算書）を使って説明しようと思う。

あらゆる部署が支店を支える

まずは次ページの組織図をご覧いただきたい。これは典型的な銀行の組織を、思い切り簡便化したものだ。

実際にはこんなにシンプルではなく、もっとたくさんの部署が複雑に配置されているのだが、骨組みだけ抜き出すとこうなると思ってもらえばいい。

銀行の組織図

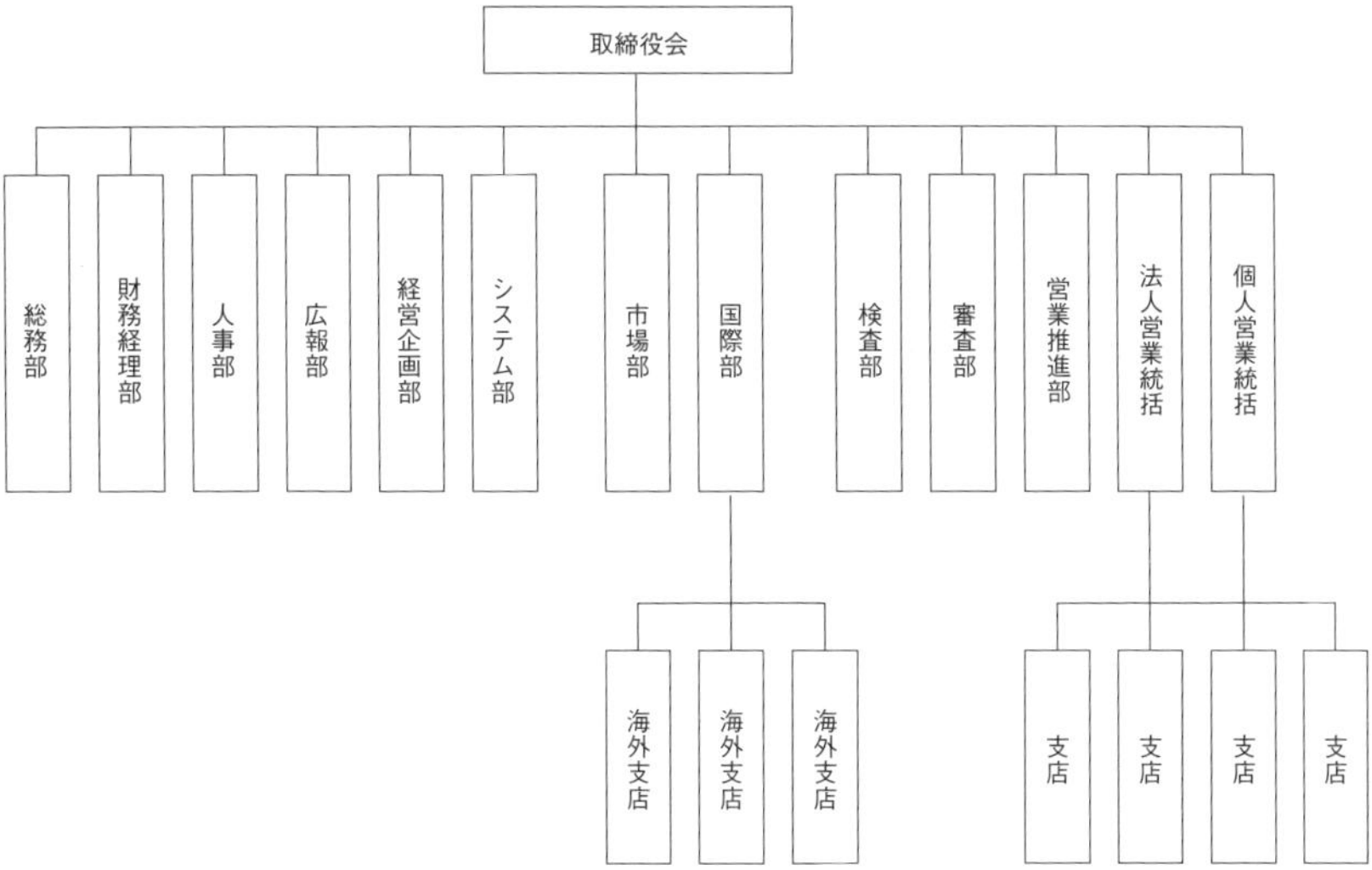

向かって左側が管理部門で、右側が利益を稼ぐ営業部門である。

銀行の顧客は大ざっぱに分けると個人と法人だ。その個人と法人から預金をしてもらい、個人と法人にお金を貸し、個人と法人から振込みなどの送金業務や、手形・小切手の取り立てといった為替業務を請け負うことで、利益を稼いでいる。

法人対象の営業戦略を立てて実行するのが法人営業統括、個人対象の営業戦略を立てて実行するのが個人営業統括。

英語でいうなら法人営業はホールセール、個人営業はリテールだ。

一般に銀行の支店は、法人営業統括と個人営業統括双方の部門の出先を兼務している。

2階建ての店舗の場合は1階にリテール、2階にホールセールの担当部署を置いていたりする。

もっとも、法人でもホールセールの担当行員が担当するのは大企業だけで、中小企業はリテール担当が担当するという場合もある。

銀行によっては同じ建物なのに、2階に支店（例えば富士見支店）、1階に出張所（例えば富士見出張所）の名前をつけている場合もある。

支店長は1人なので、支店長のレポートライン、つまり報告先は、営業統括と法人統括の両方になる。

さらに、融資の審査をする審査部は、支店長にとって上司ではないが、判断を仰ぐ相手になる。

支店の業務が適正に行われているかどうかを抜き打ちで調べる検査部も、支店長にとっては上司ではないが、検査の結果指摘された事項については、反省文兼改善計画書を提出しなければならない相手になる。

このほか、営業統括の他にも、キャンペーンを考えたり、競合する他行の情報を収集、分析して対策をアドバイスするなどして、支店の営業をサポートする営業推進部という部署を設けている場合は、ことも支店は連携をとる。

銀行の組織は、ありとあらゆる部署が、営業の最前線たる支店をサポートする形になっているのである。

ダイナミックなコーポレートバンキング

インベストメントバンキング、プロジェクトファイナンス、シンジケートローン……。

横文字だらけでなにやらカッコよさげだが、要は銀行が大企業向けに提供している金融サービスである。

少々用語の解説をしておくと、インベストメントバンキングは日本語でいうと投資銀行業務。そのままだ。

対義語はコマーシャルバンキング。日本語でいうと商業銀行業務。こちらはごく普通の融資、預金、為替業務を指す。イメージ通りの銀行業務だ。

投資銀行業務は銀行業務というよりはどちらかというと証券の分野に近い業務だ。

債券や株式の引受業務が主要業務だが、事業や会社にお金を出して儲けを出すことも主要業務。

お金の出し方には出資（エクイティ）の形態と融資（デッド）の形態があって、両者の比率をうまくバランスさせたり、出資も融資も、そのプロジェクトが失敗に終わった時に、残余財産を獲得できる優先順位ごとに配当や支払利息を調整したりする。当然、リスクが高い順にたくさんもらえる。投資銀行業務は１９９０年代の日本では、ゴールドマン・サックスやモルガン・スタンレーなど、外資の独壇場だった。

基本が証券分野の業務なので、当然、日本の銀行の投資銀行部門は、銀行免許でできることに業務が限定される。プロジェクトファイナンスも日本の銀行の投資銀行業務の１つ。

国内案件もあれば海外案件もある。突き詰めていえばお金を貸しているだけのことなのだが、ペーパーカンパニーを作ってそこに融資したり、自行単独ではなく他の銀行とも共同して出す（シンジケートローン）など、様々な工夫をする。

例えば海外の大企業を買収するにあたっては、相手国の不正競争防止法や税制などが複雑に絡み合うので、最も合理的なスキームを考えて提案する。

会社の買い手である日本の親会社にストレートにお金を貸してしまうと、払わなくてもいい巨額の税金を取られてしまうとか、売り手の側のフトコロ事情も考慮しなければならないとか、買収には様々な事情が付随的に発生する。

そこをきれいに解決して見せるのが、銀行のウデの見せ所なのだ。スケールが大きく、高度な知識を使うので、実にエキサイティング。

メインプレーヤーは圧倒的にメガバンクだが、地銀も大手クラスは国内案件では数は少ないながら実績を作っている。

地銀の場合は、担当部署は基本的には支店なので、前の組織図には入れていない。営業推進部や法人営業統括あたりがスキームを考えるなどして、支店をサポートしている。

メガバンクは本部内に専門部署を設けているので、ここで直接担当するケースもあれば、支店に担当させて、本部側でサポートする場合もある。

伸びしろ大きい国際部門

国際部門の貢献度は、メガバンクと地銀とでは大きく異なる。

地銀の場合は海外に拠点を出している銀行自体が少ないうえ、出している銀行でも駐在員事務所しか出していない場合は、いわゆる営業活動は行っていない。駐在員事務所では営業活動は禁止されていて、情報収集活動くらいしか許されていないからだ。

支店を出している場合でも、国内の顧客が現地に進出している場合に、そのサポートをするという程度の活動になっている。

これに対し、メガバンクの国際部門は今や重要な稼ぎ頭となっている。

三井住友フィナンシャルグループの2019年3月期の連結業務純益は1兆1923億円だったが、このうち33％にあたる3951億円を国際部門が稼ぎ出している。

三菱UFJフィナンシャルグループも2019年3月期の営業純益1兆2512億円のうち、29・8％にあたる3731億円を国際部門が稼ぎ出している。

みずほフィナンシャルグループは、2019年3月期で市場部門が外国債券の含み損を処理したために部門の業務純益が赤字になり、業務純益全体の構成比が例年と変わってしまった。

このため、国際部門の貢献度は、比率でいえば4割近くになってしまうのだが、こういった特殊事情がなければ概ね20％台後半。

メガ3行ともに、国際部門への依存度は3割前後という水準なのだ。国内事業が頭打ちになる中、伸びしろがある国際部門への期待値は高い。

エキサイティングなトレーディング業務

ディーラーがディーリングルームで短期の為替、債券、先物、デリバティブなどの切った張ったの取引で利益を稼ぎだすのが市場部内のトレーディング部門。

金融機関同士で外貨を売買したり、デリバティブの取引をしたりするインターバンク市場には、銀行のほか、証券会社、保険会社、短資会社などが参加している。信金も参加できるが、信組は参加できない。

金融市場に関する専門知識が必須であることはいうまでもなく、少数精鋭。瞬時に情報を分析し、方向性を読み取り、行動に移せる実行力が求められる。

瞬時の判断を要する仕事なので、いちいち上司に相談できる仕事ではない。ゆえにディーラー１人１人には大きな権限が与えられている。

市場の潮目の変化にいち早く気づき、必要な手当てをタイムリーにすれば、リスクを最小限に抑えられるが、判断を誤ったり、実行が遅れたりすると、１秒で何億円、何十億円という単位の損失を出してしまう。

それだけに銀行に許されている取引の範囲は限定的。資産も、トレーディング業務の資産と、銀行の本業として大昔からやっているバンキング業務の資産とでは、厳格に分別管理されている。

年１％の金利で１億円の融資を出して、１年間に稼げる金利は１００万円。ここから調達コストや経費を差し引いたら銀行の利益は０・３％たらず。そんな地道な支店営業の現場とは対極にある部署だ。

プロのディーラー同士の勝負の世界であり、エキサイティングだがプレッシャーも大きい。努力でどうにかするというよりは、天性のセンスがモノをいう世界だ。

向き、不向きがはっきりしているので、支店営業から市場部に異動になることはあっても、ひとたび市場部に異動になると、長く居続けてしまうことが多々ある。

銀行の仕入部門・バンキング部門

お金は銀行にとっていわば原材料。主要な仕入先は預金者だが、急に足りなくなった分を、１日、２日、よその銀行から借りたり、逆に急に余った分を、必要としている銀行に貸したりすることも銀行はやっている。

インターバンク市場は、その貸借をする場でもある。だから、インターバンク市場はいわば第二の仕入先。

インターバンク市場で調達したお金は、後日貸してくれた銀行に返さなければいけないので、コールローン、逆にこちらか貸しているお金をコールマネーと呼ぶ。

このオペレーションを手がけているのは市場部内のバンキング部門。銀行全体の調達バランスのコントロールをする。

ハイリスクハイリターンのトレーディング部門とは、運用している金融商品も、運用担当者もはっきり分けておかなければならない。

このほか、バンキング部門では国債や地方債、社債、株式の中長期の運用でも利益を稼いでいる。

基本的に銀行にとっての本業は貸出であって、有価証券投資は本業の一部ではあるけれど、付帯的な業務という位置づけだ。

だが、高知県高知市に本店を構える高知信用金庫は、金融機関の中で唯一、有価証券運用を主要部門に据えている異色の金融機関だ。

預金量は２０１９年３月末時点で７５１６億円と、全国に２５９ある信金の中では全国56位。第二地銀の26位とほぼ同等レベル。

２５００億円ある純資産との合計１兆円のうち、貸出金に回っているのはわずか６２９億円。

信金中央金庫への預け金が３６６５億円あるが、その１・５倍の５５２１億円を有価証券投資に回している。さらに、その５５２１億円のうち、国債や地方債はわずか４２１億円。３１６３億円を社債に、１９３５億円を株式に投資している。

従って、預貸率はたったの８・３％なのに、預証率は実に73・４％。融資をほとんどやらないので、「銀行の自己資本比率」は当然に高く、43・64％と、とんでもない高水準。

天才ディーラーの誉高い前理事長の山本正男会長の才覚によるところが大きく、「信用金庫界のヘッジファンド」の異名をとる。

出資者である会員への配当は、法令で定められた上限の配当性向10％の配当を、２００８年３月期以降12期連続で出している。

貸出業務には消極的だが、営業地域内に住む出資者の利益のために活動するという、協同組織金融機関としてのミッションは十二分に果たしている。

保守本流のエリートコース・人事、企画、広報

営業推進部や営業統括が支店営業の企画を手がけるのに対し、銀行経営の方向性に関する企画を手がけるのが経営企画。

大手行では人事、広報と並ぶエリートコースだ。

一般に、人事が社内のパワーバランスにおいて強い権限を持っている会社は多いだろうが、銀行はその筆頭格といっていい。

広報は会社や業界によって、全く権限がない日陰の部署である場合と、エリートコースである場合との落差が激しい部署だ。

地銀の場合はその銀行によってかなり落差があり、広報担当者のクオリティも、その銀行の広報の業務に対する考え方に比例するが、大手行においては間違いなくエリートコースだ。

この3か所や、中央官庁への出向などを20歳代から30歳代に経験し、何度か支店に出てそれなりの実績を上げると、本部に戻って昇進の階段を駆け上っていく、というのがこれまでのパターン。

最終的に持株会社のトップや頭取のイスを争うのもこの経歴の行員たち。HPに載っている役員の名前をネットで検索してみれば、その経歴はたちどころにわかる。

メガバンクの人事ネタは、大新聞の記者たちの大好物でもあるので、ヒットする過去記事も多い。

不祥事の直後など、本命がコケた時などはダークホースがトップに就くこともあるが、そうなるとそれがニュースになるほどだ。

もっとも、近年は専門業務に長けたスペシャリストを積極的に採用している。彼らが報酬で報われるだけなのか、それとも今後経営の中枢に据えられていくのかは今のところ全くわからない。

トップが後継者を指名する慣習も、その不透明さゆえに徐々に後退していっている。10年後には銀行のトップになる人の属性は大きく変わっているかもしれない。

2

貸借対照表からわかる銀行業務

一般事業会社と全く違う銀行の決算書

決算書はその会社の成績表そのもの。何をやっているのか、やっていることでどれだけ利益が出ているのかがわかる。

銀行の3大業務は預金、貸出、為替。この次元でやっていることを大まかに理解するのは容易だが、少し踏み込んで具体的なことを理解しようとしたとたん、壁に突き当たってしまう業態だ。

そこで、銀行が公表している決算書から、やっていることをひもといてみたい。

本題に入る前に、銀行の決算書はどこで見られるのか、紹介しておきたい。

上場している銀行は、決算短信と有価証券報告書を開示する義務があり、そこに決算書は載っている。この2つなら上場銀行のHPにはちゃんと載っている。このほか、決算短信は日本取引所グループのHP、有価証券報告書はEDINETというサイトで、最大過去5年分が見られる。

このほかに、上場しているいないにかかわらず、全ての金融機関はディスクロージャー誌という、経営状態を説明した冊子を作成、公表する義務を負っている。

法律上は公に見られるようになっていればいいので、上場銀行はHPに載せているし、信金や信組は上場していないので、短信や有報は出ないが、たいていのところはディスクロ誌をHPに載せている。

早いところは6月下旬の総代会（株式会社の株主総会に該当）がすむとすぐ出すが、遅いところだと

8月下旬、もしくは9月にずれ込むところもある。

また、ほんのごく一部だが、HPには載せずに店頭に置いておくだけで、配布もせずコピーも取らせないというところもある。

決算書はある時点でのその会社の財産状態を表す貸借対照表と、1年間の営業成績である損益計算書の2つで構成されている。

厳密にいえば、この他にキャッシュフロー計算書という、お金の流れを示す計算書類も含まれるのだが、銀行が何をやっているのかを説明するうえでは、話がややこしくなるので、本書ではキャッシュフロー計算書の説明は割愛する。

貸借対照表は、対照表という名前がついているくらいなので、左側と右側が1セット。

右側は、その会社が経営に必要なお金をどうやって調達してきたのかが書かれている。

人に返さなければならない方法で調達したものが右上（負債の部）、返さなくていい方法で調達したものが右下（純資産の部）である。

負債の代表格は借入金だが、このほかにツケで買って代金を払っていないもの（買掛金）や、後日支払うことを約束した証書（約束手形）を他人に渡していれば（支払手形）、それも借金だ。

その下の純資産の部は、資本の部ともいう。資本金や稼いだ利益の集積である利益剰余金などは、誰かに返済する必要がない。

一方、左側は、調達したお金で買ったものが列挙されている。

現金や預金、有価証券、土地・建物（有形固定資産）などが代表格だ。ツケで売って代金をまだ回収していないもの（売掛金）や、後日払ってもらうことを約束した約束手形を受け取っていれば（受取手形）、それも資産である。

貸借対照表は、調達したお金が何に化けているかを表しているので、左半分の合計と、右半分の合計は絶対に一致する。

モノとして残らない経費として使ったお金は、それが利益を生んでいれば利益剰余金に蓄積される。

以上は一般事業会社の貸借対照表の説明である。

これが銀行のものとなると、かなり違ってくる。

銀行と一般事業会社の貸借対照表

一般事業会社の貸借対照表

現金・預金	××××	買掛金	××××
売掛金	××××	支払手形	××××
受取手形	××××	借入金	××××
商品	××××	負債の部合計	××××
:	:	資本金	××××
有形固定資産	××××	資本剰余金	××××
無形固定資産	××××	利益剰余金	××××
投資有価証券	××××	純資産合計	××××
資産の部合計	××××	負債・純資産合計	××××

銀行の貸借対照表

現金・預け金	××××	預金	××××
コールローン	××××	コールマネー	××××
有価証券	××××	社債	××××
貸出金	××××	負債の部合計	××××
:	:	資本金	××××
有形固定資産	××××	資本剰余金	××××
無形固定資産	××××	利益剰余金	××××
貸倒引当金	▲××××	純資産合計	××××
資産の部合計	××××	負債・純資産合計	××××

銀行と一般事業会社の損益計算書

一般事業会社の損益計算書

売上高	××××
売上原価	××××
売上総利益	××××
一般管理費・販売費	××××
営業利益	××××
営業外収益	××××
営業外費用	××××
経常利益	××××
特別利益	××××
特別損失	××××
税引前当期純利益	××××
法人税等	××××
当期純利益	××××

銀行の損益計算書

経常収益	××××
資金運用収益	××××
役務取引収益	××××
:	:
経常費用	××××
資金調達費用	××××
:	:
経常利益	××××
特別利益	××××
特別損失	××××
税引前当期純利益	××××
法人税等	××××
当期純利益	××××

銀行の貸借対照表

銀行の貸借対照表

(1)	現金預け金	20,635	預金	123,334	(29)
(2)	現金	1,072	当座預金	2,619	(30)
(3)	預け金	19,562	普通預金	80,815	(31)
(4)	コールローン	1,090	貯蓄預金	2,532	(32)
(5)	買現先勘定	149	定期預金	34,645	(33)
(6)	特定取引資産	1,880	その他の預金	2,664	(34)
	商品有価証券	76	譲渡性預金	5,818	(35)
	特定金融派生商品	257	コールマネー	1,700	(36)
	その他の特定取引資産	1,546	売現先勘定	294	(37)
(7)	金銭の信託	220	債券貸借取引受入担保金	2,133	(38)
(8)	有価証券	20,827	特定取引負債	222	(39)
(9)	国債	2,638	商品有価証券派生商品	0	
(10)	地方債	3,480	特定金融派生商品	222	
(11)	社債	4,141	借用金	3,739	(40)
(12)	株式	2,440	外国為替	7	(41)
(13)	その他の証券	8,126	売渡外国為替	4	(42)
(14)	貸出金	101,368	未払外国為替	3	(43)
(15)	割引手形	144	社債	1,165	(44)
(16)	手形貸付	1,574	その他負債	835	(45)
(17)	証書貸付	92,130	負債の部合計	140,049	(46)
(18)	当座貸越	7,518	株主資本	7,741	(47)
(19)	外国為替	38	資本金	1,450	(48)
(20)	外国他店預け	23	資本剰余金	1,221	(49)
(21)	買入外国為替	0	利益剰余金	5,631	(50)
(22)	取立外国為替	13	利益準備金	509	(51)
	その他資産	1,230	その他利益剰余金	5,122	(52)
(23)	有形固定資産	1,018	自己株式	▲ 562	(53)
(24)	無形固定資産	127	評価・為替差額等合計	1,120	(54)
(25)	前払年金費用	15	その他有価証券評価差額金	1,032	(55)
(26)	支払承諾見返	416	土地再評価差額金	107	(56)
(27)	貸倒引当金	▲ 213	純資産の部合計	8,868	(57)
(28)	資産の部合計	148,916	負債・純資産の部合計	148,916	(58)

単位：億円

(61)	業務粗利益	1,522	
(62)	資金利益	1,226	(2)-(30)
(63)	役務取引利益	224	(9)-(37)
(64)	うち投信取扱手数料	30	
(65)	うち保険取扱手数料	58	
(66)	特定取引利益	12	(12)-(40)
(67)	その他業務利益	61	(17)-(42)
(68)	うち債券関係損益	46	((19)+(20))-((43)+(44)+(45))
(69)	経費	811	
(70)	人件費	114	
(71)	物件費	341	
(72)	税金	56	
(73)	実質業務純益（一般貸倒引当金繰入前）	711	(61)-(69)
(74)	一般貸倒引当金繰入額	25	
(75)	コア業務純益	665	(73)-(68)
(76)	業務純益	686	(73)-(74)
(77)	臨時損益	▲ 14	
(78)	うち不良債権処理額	87	
(79)	うち貸出金償却	82	
(80)	うち貸倒引当金戻入益	-	
(81)	うち償却債権取立益	14	
(82)	うち株式等関係損益	18	
(83)	経常利益	672	(76)+(77)
(84)	特別損益	▲ 2	(56)-(57)
(85)	当期純利益	481	(83)+(84)-(59)

(86)	与信関連費用	112	(74)+(78)

銀行の損益計算書

(1)	経常収益	2,102
(2)	資金運用収益	1,477
(3)	貸出金利息	1,108
(4)	有価証券利息配当金	317
(5)	コールローン利息	17
(6)	預け金利息	32
(7)	その他の受入利息	0
(8)	信託報酬	0
(9)	役務取引収益	428
(10)	受入為替手数料	75
(11)	その他の役務収益	352
(12)	特定取引収益	17
(13)	商品有価証券収益	0
(14)	特定取引有価証券収益	0
(15)	特定金融派生商品収益	14
(16)	その他の特定取引収益	0
(17)	その他業務収益	66
(18)	外国為替売買益	18
(19)	国債等債券売却益	47
(20)	国債等債券償還益	0
(21)	金融派生商品収益	0
(22)	その他の業務収益	0
(23)	その他の経常収益	113
(24)	貸倒引当金戻入益	0
(25)	償却債権取立益	14
(26)	株式等売却益	18
(27)	金銭の信託運用益	0
(28)	その他の経常収益	78

(29)	経常費用	1,431	
(30)	資金調達費用	251	
(31)	預金利息	77	
(32)	譲渡性預金利息	52	
(33)	借用金利息	29	
(34)	社債利息	21	
(35)	金利スワップ支払利息	53	
(36)	その他支払利息	5	
(37)	役務取引等費用	204	
(38)	支払為替手数料	15	
(39)	その他の役務費用	189	
(40)	特定取引費用	5	
(41)	商品有価証券費用	5	
(42)	その他業務費用	5	
(43)	国債等債券売却損	1	
(44)	国債等債券償還損	0	
(45)	国債等債券償却	0	
(46)	金融派生商品費用	3	
(47)	営業経費	829	
(48)	その他の経常費用	135	
(49)	貸倒引当金繰入額	34	
(50)	貸出金償却	82	
(51)	株式等売却損	0	
(52)	株式等償却	0	
(53)	金銭の信託運用損	0	
(54)	その他の経常費用	17	
(55)	経常利益	671	(1)-(29)
(56)	特別利益	0	
(57)	特別損失	2	
(58)	税引前当期純利益	669	(55)+(56)-(57)
(59)	法人税等	188	
(60)	当期純利益	481	(58)-(59)

128ページの一般事業会社と銀行の貸借対照表を見比べてみてほしい。同じなのは純資産の部だけ。資産も負債も項目が全然違う。

まず、右上の預金は、銀行が顧客から集めている預金である。預金は一般事業会社にとってはいつでも銀行から引き出せるから資産だが、銀行にとっては顧客に返さなければならない負債である。

資産項目も全然違う。調達したお金を、利益を稼ぐために貸出金や有価証券に回している。

預け金というのは、よその銀行に預けているお金のこと。銀行が預かる預金と用語を区別している。

預け金の代表格は日銀への預金である。

銀行は日本銀行に口座を持っていて、そこに法で定められた計算方法で算出された金額以上のお金を預けている。地銀、信金も口座を持っているが、信組や労金は口座を持っていない。

ご覧の通り損益計算書も全然違う。一般事業会社は売上高から始まって、コストの種類ごとに段階的に利益を書いていく形式だ。

これに対し、銀行はその期だけ特別に出た利益と損失以外は、「入り」を経常収益、「出」を経常費用でくくり、いきなり経常利益に飛ぶ。売上総利益や営業利益という概念がない。

資産科目は集めたお金の投入先

それでは、某地方銀行の貸借対照表を使って、銀行がやっていることを具体的に説明していこう。

129ページの貸借対照表は某地方銀行のもの。掲載スペースの関係で、金額の単位は億円単位にしてある。これを使って銀行業務をもう少し詳しく説明したい。

余談になるが、銀行に入ると、数字は3桁ずつカンマを入れて表記することを徹底的に仕込まれる。

3桁ずつなので、千円単位、百万円単位、十億円単位が基本で、その上は1兆円単位。

もっとも、銀行全体の数字を扱う経営企画部のような部署では日常的に「兆」を使うが、いわゆる銀行業務に従事している行員が、日常的に「兆」の単位の取引をすることはさすがにない。

1500Mといえば15億円（Mはミリオンの M）、800Bといえば8000億円（Bはビリオンの B）。千円単位だけはなぜか thousand のTではなく、kiro の K。

いち、じゅう、ひゃく、せんなどとゼロの数を数える銀行員は誰もいない。毎日数字と向き合うので、K、M、B表記なら反射的に数字が正確に読めるようになる。

その分、万円単位、億円単位で大きい数字を書かれると、反応は若干遅れる。

余談はさておき、本題に移ろう。

(1)～(3) 現金・預け金

前ページで説明したように、文字通り現金と、別の金融機関に預けてある預金。預け先は日本銀行や海外の銀行など。

日銀のマイナス金利政策とは、この銀行が日銀に預けている預金の金利をマイナスにするもの。

つまり、日銀に預金すると、銀行は利息をもらえるどころか、金利を取られて預金残高が減ってしまうのである。

だから日銀に置いておくお金は法律で定められた最低限の金額にして、あとはせっせと貸出をしなさいということなのだ。

ちなみに、実際にマイナス金利が適用されているのは、銀行が日銀に預けているお金のごく一部であって、全部ではない。

(4)(36) コールローン、コールマネー

インターバンク市場で銀行同士で貸し借りしているお金。

資産計上されているコールローンは、この銀行が貸し手になっている分。負債計上されているコールマネーはこの銀行が借り手になっている分。

オペレーションを手がけているのは市場部のバンキング部門。

(5)(37) 買現先、売現先

債券の現先取引の残高。現先取引とは、債券を一定期間後に一定の価格で買い戻す、もしくは売り戻す取引。

債券価格の変動を利用してサヤを稼ぐ取引で、売った時、買った時と、売り手が買い戻した時、買い手が売り戻した時の価格差が利益になる。

買い手（後に売り戻す）ポジションだと買現先、売り手（後に買い戻す）ポジションだと売現先。

これも手がけているのは市場部のバンキング部門。

(6)(39) 特定取引資産、特定取引負債

特定取引とは、銀行が金利、通貨、有価証券などの相場の変動を利用して、トレーディングで利益を得る取引をいう。

手持ちのポジションに評価益が出ているものは資産、評価損が出ているものは負債計上される。

トレーディングは切った張ったの世界で、瞬時に大きな損失が出ることがあるので、やっていい範囲が限定されている。

トレーディングでやっていい有価証券は国債や地方債など公共債のみ。株式のトレーディングは銀行法で禁止されている。

このあとに出てくる（8）～（13）の有価証券は、トレーディング業務とは別に、バンキング部門で運用しているもので、バンキング業務の有価証券として、区別して管理することが義務づけられている。

(7) 金銭の信託

信託銀行などに運用を委託している財産。

(8)～(13) 有価証券

銀行の運用先としては貸出金の次に大きい金額を投じている。この勘定の有価証券は、財務部門で運用しているもので、バンキング業務の有価証券という扱い。

超短期で勝負をするトレーディングの有価証券とは別管理になっている。

さらにバンキング業務で持っている有価証券は、一定期間が過ぎるとお金が返ってくる債券と、一定期間が過ぎてもお金を返してもらえない株券に分けられる。

債券は満期まで待つ、待たずに売るの2通り、資

金回収の方法があるが、株は売らなければ資金回収ができない。

債券は満期まで持っていると、券面金額が戻ってくるが、満期までの間は価格が動くので、売ったり買ったりしても利益を出せる。

集めた預金のうち、どのくらいが有価証券に回っているかを見る指標が**預証率**《よしょうりつ》。有価証券残高を負債勘定の預金残高で割って出す。

この銀行の場合は2兆827億円を、12兆3334億円で割った16・8％が預証率。

(14)～(18) 貸出金

このうち金銭消費貸借契約書という契約書でお金を貸す**(17) 証書貸付**の取引が、一般的なイメージの貸出だが、**手形割引**や、約束手形や小切手を担保にした貸付である**手形貸付**も、広い意味で貸出金。

約束手形は、「券面に書いてある期日に、○×銀行にこの手形を呈示すれば、その銀行にある私の当座預金口座からお金を引き出して支払われます」という、支払いを誓約した証書のようなもの。

当座預金口座を開設し、一定の信用を得られると、期日や金額、宛名などの欄が空欄になっている約束手形の用紙を冊子にした、手形帳を発行してもらえる。

逆にいえば、約束手形の発行を銀行が許す程度の信用が得られないと、手形帳は発行してもらえない。

小切手は約束手形とは異なり、いつ提示されても即払いますという証書。本来の目的は当座預金口座からお金を引き出すために使うものなので、小切手帳は当座預金口座を開設すれば、発行してもらえる。

小切手は発行日欄に、先の日付を記入することによって、約束手形と同じような使われ方もする。

経営が傾いて銀行の信用が落ちてくると、銀行に手形帳を取り上げられることもある。

銀行は取引先が危なくなってくると、入出金の管理を強化することで貸出債権の保全を図る。

経営が傾いてくると、経営者が正常な判断を下せなくなってくる場合がある。

銀行の知らないところで、苦し紛れにむやみに約束手形を乱発しないよう、必要な時は銀行にいえば手形用紙は渡します、というわけだ。

小切手を手形のような使い方をする場面というのはこういう場面なので、そうなると銀行は小切手帳も取り上げざるを得なくなる。

受け取る側にとって約束手形は、お金を払ってもらえる時期が、2か月とか3か月とか先になる。

このため、銀行に金利分を差し引いて買い取ってもらうことで、期日まで待たずに現金化することができる。それが手形割引で、手取金額は金利分を差し引かれる分、若干減るが、期日よりも早く現金化できる。

銀行は期日になったら、手形の発行者に約束手形の券面通りにお金の支払いを求める。実際には銀行間で手形をやりとりする**手形交換所**を通して請求する。

期日に当座預金口座が空っぽだったり、残高が足りなかったりして、支払うという約束を反故にすることを手形の**不渡り**といい、6か月以内に2回やると、**銀行取引停止処分**となる。

ちなみに、**会社更生**、**民事再生**、**破産**といった、裁判所を通して債務整理手続をとることを法的倒産というのに対し、銀行取引停止処分は事実上の倒産といういい方をする。

銀行取引停止処分になると、約束手形や小切手が使えなくなり、借りているお金も、返済期日が来ていなくても即時全額返済を求められる。これを**期限の利益の喪失**という。

期限の利益とは、「期限までお金を返さなくていい利益」という意味だが、銀行取引停止処分になるとこの利益が剥奪され、銀行は債権回収に動き出す。担保の処分も始まる、ドラマでお馴染みの展開である。

手形が不渡りになると、銀行でその手形を割り引いた人にも被害は及ぶ。銀行は手形の発行者から回収ができないと、割り引いた人から回収しようとするからだ。

資産の部に計上されているのは、割り引いてまだ期日がきておらず、手許に持っている手形の残高である。

これに対し、手形貸付は金銭消費貸借契約書の代わりに約束手形を発行させる貸付方法。

不動産担保のように換金性はない代わりに、期日通り返さなければ不渡りになってしまうというプレッシャーが、お金の借り手の返済意欲を高める効果を持つ。

商取引の支払いは、近年は約束手形を使った支払いではなく振込みが一般的になっているので、絶滅寸前ではあるが、絶滅はしていない。

約束手形と小切手の受入れはテラーの重要業務の１つだ。

ちなみに、集めた預金のうち、どれくらいが貸出金に回っているのかを示す指標が**預貸率**《よたいりつ》。貸出金残高を預金残高で割って出す。

この銀行の場合は10兆１３６８億円を12兆３３３４億円で割った82・１％が預貸率。

１９９０年代末期の金融危機以降、貸したお金が不良債権化するのを怖がり、どこの金融機関も貸出に慎重になった。

金融庁の検査方針も、銀行の健全性を第一義としたものだったので、不良債権を出さないことを各銀行は最優先にした。

この結果、預貸率は低下の一途を辿り、地銀、第二地銀の平均は7割台半ば、信金・信組は5割前後に落ちた。

これでは中小企業にお金が回らないと考えた金融庁が、リスクをとって積極的に貸出をせよといい出したのは、東日本大震災の後くらいから。

だが、銀行にしてみれば、金融庁のいうことを真に受けて、リスクをとった結果、不良債権が増えて検査官から締め上げられるのではたまったものではない。

実際に金融庁に対し、銀行がそんな不満を訴えたのかどうかは定かではないが、そのあたりを金融庁も理解したのか、２０１７年12月に検査方針を大きく転換した。

それどころか、組織まで変えて検査局を廃止。銀行側のいいわけを封じ、リスクをとって融資を積極化せよと旗を振っている。

地銀に再編圧力をかけているのは、リスクをとる体力がないなら再編で経営を効率化し、リスクをとれる体質になれ、ということなのである。

(19)～(22)、(41)～(43) 外国為替

海外送金は、銀行から銀行へ、口座を増減させることで最終目的地にたどり着かせる取引である。

例えば、A子さんが、日本のB銀行に、アメリカのC銀行にある息子の預金口座への送金を頼むと、B銀行はC銀行にあるB銀行の預金口座にA子さんから預かったお金を移す。

C銀行は、B銀行の口座からお金を引き出して、息子の口座に移す、という取引だ。

現金を袋詰めにして送るのではなく、全てシステム上で口座を増減させるのである。

送金したい相手の口座が、B銀行が口座を開いていないメキシコのD銀行にある場合は、間に立ってもらう銀行が必要になる。

もしもC銀行がD銀行に口座を持っていれば、C銀行からD銀行に渡してもらうことになる。

貸借対照表のこの欄に残高が出てくるのは取引が途中のもの。海外の銀行に送っている最中のものが資産勘定に、海外の銀行から送られてきて、まだ顧客の口座に着金させていないものが負債勘定に計上される。

この手続きはテラーが顧客から依頼を受け、実際のオペレーションは本部の外国為替の専門部署が手がけている。輸出入に伴う貿易手続もここが担当している。この業務に従事しているのは、基本的に一般職である。

(26) 支払承諾見返

銀行は信用状（略称L／C）を発行する業務も手がけている。

信用状とは、顧客が輸入取引をするにあたって、取引の相手方に対し銀行が発行する、「この会社が万が一代金を払えなくなったらウチの銀行が代わりに払います」という内容の文書のこと。

銀行から信用状が出ると、顧客は輸入取引をスムーズにできる。銀行は、当然発行手数料を顧客からとるので、何事もなく顧客が輸入代金を相手方に支払ってくれれば、手数料はまるまる銀行の儲けに

なる。

この信用状発行もオペレーションは本部の外国為替の専門部署。

顧客が輸入代金を払えない場合は、相手方は銀行に払えといってくる。

いってきた段階で、銀行には保証を履行する義務が発生するので、負債勘定の「支払い承諾」勘定に払うべき金額を計上する。

一方、銀行は払うと「支払い承諾」勘定がゼロになる一方で、この分をこの顧客から取り返す権利（求償権）を取得するので、その額を計上するのが支払い承諾見返勘定。

銀行にとって預金は負債

(29)～(34) 預金

預金者にとっては預金は資産だが、銀行にとっては利息を付けて返さなければならない負債である。

預金には様々な種類がある。**当座預金**は、いつでも出し入れ可能だが、手形や小切手の決済のための決済資金を置いておくためのもので、金利は付かない。

最もポピュラーな**普通預金**は、いつでも出し入れ可能で金利も付き、自動引き落としの指定口座にもできる。

あまり一般にはメジャーではないが、**貯蓄預金**もいつでも出し入れ可能で金利が付く。金利は一定残高を超えると普通預金よりも高くなるが、自動引き落としの指定口座にはできない。

定期預金は一定期間拘束する代わりに高い金利が付く。もっとも期限内の解約も可能で、その意味ではいつでも引き出せるといえば引き出せるが、期限内で解約すると、金利は普通預金の金利になってしまう。

貯蓄預金の残高が普通預金や定期預金に比べて著しく低いのは、金利水準が中途半端だからだろう。

一定残高を超えると普通預金よりも高い金利が付くとはいっても、定期預金ほどの金利は付かない。しかも自動引き落としにも使えない。

特に今のような極端な低金利時代には、定期と普通ですら金利差はごくわずかなので、わざわざ貯蓄預金口座を開いてそこにお金を置いておく意味がないということだろう。

ちなみに、銀行の預金には、預金保険制度というものがあり、銀行が破たんしても、一定額は保護される。これについては143ページ以降で詳しく説明したい。

(35) 譲渡性預金

満期日を指定して預け入れる無記名の預金で、預金証書は金融市場で自由に売買できる。

最低預け入れ単位は、多くの銀行で5000万円以上としており、銀行が発行する超高額紙幣というのが実態に近いイメージ。預貸率や預証率を計算する際も、譲渡性預金は分母に含めないのが一般的。

(44) 社債

資産勘定の有価証券勘定に計上されている社債は、他社発行のものを銀行が買ったものだが、負債勘定の社債は銀行自身が発行したものである。

銀行の自己資本比率とは

銀行には一般事業会社と同じ意味での自己資本比率という概念以外に、銀行の健全性を表す独自の指標としての自己資本比率がある。

どちらも同じ自己資本比率という用語を使うのでややこしい。本書では銀行の健全性を表す自己資本比率のほうを「銀行の自己資本比率」、一般事業会社と同じ意味での自己資本比率を「会計上の自己資本比率」と呼ぶことにする。

銀行界には、国際決済銀行（略称ＢＩＳ）という、金融問題を解決するための国際組織がある。

本業は、各国の中央銀行同士の決済業務で、各国中央銀行間の国際協力の支援もする。

その国の中央銀行がＢＩＳに加盟していると、その国の銀行は、ＢＩＳが定めた計算方法で計算した場合の自己資本比率、つまり「銀行の自己資本比率」が、営業活動範囲が国内のみの場合は４％、営業活動範囲が海外も含まれる場合は8％以上でなければならない。

　これを割り込んだ銀行は金融庁が是正措置を講じる対象になる。

「会計上の自己資本比率」は、株主資本を資産合計で割って算出する。この銀行でいえば、7741億円を14兆8916億円で割った5・1％が一般事業会社と同じ意味での自己資本比率である。

　これに対し、銀行の健全性指標としての「銀行の自己資本比率」は、貸し倒れる危険性がある資産のうち、自己資本でカバーできている分がどのくらいあるかを示すものなので、計算方法が全く違う。

　まず、分母は単純な資産合計ではなく、資産のうちのリスクアセット（リスクがある資産）のみ。

　具体的には、リスクの種類ごと（①信用リスク、②マーケットリスク、③オペレーショナルリスク）にリスクウエイトを掛けてリスクアセットの額を計算し、合計する。

　①の信用リスクは、貸出金等が不良債権化した場合のリスク相当額。

　②のマーケットリスクは、市場が変動することで、有価証券など手持ちの金融証券に発生する可能性がある損失額。

　③のオペレーションリスクは、事務上のミス等で発生する可能性がある損失額。

　国債はリスクウエイト0％なのでリスクアセットの対象にならない。

　銀行向けの融資はリスクウエイト20％なので、銀行向け融資残高の2割がリスクアセット。

　企業向け融資はリスクウエイト100％なので、企業向け融資は融資残高全額がリスクアセット。

　住宅ローンはリスクウエイトが50％なので、住宅ローン残高の5割がリスクアセット。

　次は分子の自己資本。これもかなり計算方法は複雑で、ＴｉｅｒⅠ（基本的項目）と、ＴｉｅｒⅡ（補完的項目）、ＴｉｅｒⅢ（準補完的項目）を合計したものがＢＩＳ規制上の自己資本。

　ＴｉｅｒⅠは、純資産の部の合計金額から、配当や税金の支払いなどで流出する予定の金額を差し引いた額とニアリーイコール。

TierⅡは劣後ローンや有価証券の含み益の45％など。

TierⅢは短期劣後債務など。

いずれも決算書から数字を拾い出すことはできず、銀行が開示している決算説明資料やディスクロージャー誌を見ないと、計算に使った項目と数字はわからない。

高いだけではダメな銀行の自己資本比率

ちなみにこの銀行の、「銀行の自己資本比率」は12・04％。会計上の自己資本比率は5・1％だから、全然違うことをおわかりいただけるだろう。

なお、このような計算方法になるので、「銀行の自己資本比率」を引き上げようとすれば、分子を大きくするか、分母を小さくするか、その両方ということになる。

分子は容易には増やせないが、分母を減らすには企業向けの融資を減らして、国債を買うのが最も手っ取り早い。


だが、それでは銀行のミッションに逆行する。

1990年代末期から2000年代前半の頃は、不良債権の処理額が急増して決算を圧迫したため、TierⅠが細って「銀行の自己資本比率」が危機的な水準にあった。

だが、その後の金融庁の厳しい検査体制が奏功し、既に日本の大半の銀行の自己資本比率は、国際基準8％、国内基準4％のボーダーラインを大きく上回っている。

ちなみに、信用組合の場合、地域の人や法人に組合員になってもらう地域信用組合が最もポピュラーで、数も一番多いが、このほかに、同業者の従業員を対象にした業域信用組合、特定の企業や職場の従業員を対象とした職域信用組合、それに在日外国人を対象にした民族系信用組合がある。

業域信用組合には、○×県医師信用組合、○×県歯科医師信用組合、職域信用組合には、○×県警職員信用組合や○×県職員信用組合などがある。

こういった信組の場合、住宅ローンも含めて貸出は全くやっておらず、預金を受け入れて国債や全信組連への預け入れで運用しているだけ、というところが少なからずある。

なにしろリスクアセットをほとんど持っていないのだから、こういう信組は、自己資本比率が軽く3割、4割を超えるわけだが、金融機関の機能としては不完全であることはいうまでもない。

ゆえに「銀行の自己資本比率」は高いにこしたことはないが、高ければいいというものでもなく、ミッションとのバランスが極めて重要といえる。

預金を守る預金保険制度とは

銀行が預かっている預金はこれまで見てきた通り、貸出や有価証券などなどに回っているから、預金者全員が一度に解約に殺到すれば、健全かつ元気に営業中の銀行でも、お金は返せない。

まして、銀行が破たんすると、返してほしい人たちが殺到し、いわゆる取付騒ぎが起きる。

そこで、銀行が破たんした場合、銀行が払った保険料を元手に、一定限度まで預金者に預金を払い戻したうえで、破たんした銀行を清算処理する機関として、1971年に設立されたのが、大蔵省傘下の認可法人・**預金保険機構**。金融庁誕生後は大蔵省傘下から金融庁傘下に代わっている。

具体的には、銀行、信金（信金中金含む）、信組（全信組連含む）、労金、それに商工組合中央金庫が破たんした場合に、預金は預金保険機構によって保護される。

保護される範囲は、利息が付かない当座預金と、無利息の決済性普通預金は全額。

利息が付く普通預金、定期預金は全部で1人（法人の場合は1法人）につき1000万円まで。外貨預金、譲渡性預金は保護対象外。

1人で同じ銀行にいくつも口座を持っていて、1口座あたりの残高は全部1000万円以下でも、複数口座分全部を合計すると1000万円を越える場合は、それでも1人1000万円まで。

保険料を払っているのは、当然保護対象になっている金融機関だ。

農林中金とその傘下の農協、漁協には農水産業協同組合貯金保険機構があるので、預金保険機構の保護対象にはなっていない。

ゆうちょ銀行も政府保証がついているので預金保険の対象外。

外資系銀行の支店は、預金保険機構の保護対象になっていないうえ、農・魚協やゆうちょのような預保に代わる制度もない。いわばまる裸である。

外資系銀行で唯一預金保険の対象となっているのは、新たな形態の銀行に分類されているＳＢＪ銀行である。

同行は韓国の大手銀行の日本法人だが、支店免許ではなく、日本の銀行として免許を取得しているため、外資系ながら預金保険の対象になっている。

今なお残るペイオフ解禁衝撃の爪痕

この保護範囲限定型の預金保護制度を**ペイオフ制度**という。ペイアウト（～払いきる＝全額保護）ではなく、一部を「オフ」してしまうからペイオフだ。

銀行が潰れる心配がない間は有名無実の制度だった。

ところが平成バブル崩壊後、実際に破たんする金融機関が出始め、ペイオフの発動が現実味を帯び始めた。

このため、政府は１９９６年5月から２００１年3月までの5年間の時限措置として、ペイオフの凍結を宣言、銀行が破たんしても、預金は全額保護されることになった。

しかし5年間の期限内に銀行の不良債権処理が終わらないことを予期した政府が、１９９９年末に当初の期限を1年延長することを決め、２００２年4月から、ペイオフは解禁されることになった。

ペイオフ解禁は段階的に実施され、まず２００２年4月から２００５年3月末までは、当座預金、普通預金は全額保護のまま、定期、外貨預金、譲渡性預金は全部で１０００万円以内。

現在の制度になったのは２００５年4月以降。

余談になるが、このペイオフ解禁はワイドショーで大々的に取り上げられ、世間の注目を大いに浴びた。

ワイドショーの刷り込み効果は絶大で、全国のマンション管理組合で、それまで定期預金に預けられていた修繕積立金が、一斉に無利息型の普通預金に移される事態となった。

　銀行不倒神話の崩壊は反動も著しかった。絶対に潰れないと思っていた銀行が潰れる。いったん信じられなくなると、何も信じられなくなるのか、銀行の健全性には銀行ごとに落差があるということが、一般の人には理解されないまま、危機感だけが煽られた。

　2002年当時無利息型の普通預金に移された多額の修繕積立金は、17年が経過した今もそのまま、無利息型の普通預金口座に置かれたままになっている。

　私ごとではあるが、筆者が居住しているマンションでも同じ事態が起きた。

　銀行は潰れる可能性があるから、その時に備えて、マンション管理組合名義の三井住友銀行の定期預金6000万円が、まるまる三井住友の無利息型普通預金口座に移されたのである。

　このとき、管理組合の総会の場でこの提案をした当時の理事長は、あくまで善意で「三井住友が潰れない保証はない。修繕積立金は安全に運用すべきもので、リスクに晒してはならない。定期預金にしておくことは、わずかな金利差のためにバクチを打つようなもの。逆にペイオフの保護対象にならない定期預金で置いておくことに、疑問がない人がいたら、顔が見たい」とまでいった。

　筆者はこの時、内心、銀行の、しかも三井住友の定期預金をバクチと考える感覚に仰天もしたし、三井住友がペイオフの対象になるような時は、日本全体の経済が破たんし、全国どこの銀行からもお金がおろせない**モラトリアム（預金封鎖）**になるだろうから、そんなバカなことはしないでほしい、と思った。

　だが、そんな話を理解させる自信は筆者には全くなく、不本意ながら6000万円の修繕積立金が、定期から無利息の普通預金に移されるのを、黙って見ているしかなかった。

　この時、無利息型の普通預金に移した6000万円は、その後の修繕で一部は使われたが、新たに積み立てられていくお金と相殺され、17年経った今も、ほぼ同じ額が普通預金に置かれている。1円の利息も生まないままに、だ。

定期に入れていれば17年間で50万円くらいの利息は生んだはずだ。

マンションの管理会社の担当者に聞いてみたところ、当時定期預金から普通預金にお金を移した管理組合は多数あり、そのお金は今も普通預金に置いたままになっているところが大半とのことだった。

それだけ当時のワイドショーの「ペイオフ解禁報道」のインパクトは強烈だったし、その分罪深いものでもあったのだ。

まとまった額なのに17年間1円の金利も払わずに済み、これからもずっと払わずにすむ銀行を、密かにかつ大いに喜ばせていることは間違いないだろう。

3

損益計算書からわかる銀行業務

売上総利益、営業利益の概念がない銀行決算

次は損益計算書の科目から銀行がやっていることにアプローチしてみたい。

１３２ページでも触れたが、銀行の損益計算書には、売上総利益と営業利益の概念がない。

１３０ページ～１３１ページの損益計算書は、前項の貸借対照表と同じ銀行のものだ。

（55）経常利益から下は一般事業会社と同じだが、それよりも上は銀行独特の形式になっている。

経常収益という形で「入り」を営業活動の形態別に集計して列挙し、次に同じ分類方法で経費を集計して列挙。経常収益から経常費用を差し引いて経常利益を出している。

経常収益の並び順は、まさに銀行の本業度順といっていい。

(2)～(7) 資金運用収益

まさに銀行の本業中の本業で稼いだ収入がコレ。中でも**貸出金利息**が資金運用収益の75%、経常収益全体の52%を稼いでいる。

貸出金利息を稼いでいるのは最前線の支店と本部の営業部隊。

日銀は、銀行が日銀に預けている預金の金利を引き下げることで、世の中全体の金利水準を下げるということをやっている。

銀行が低い金利で企業に融資ができれば、企業は低い金利で借りたお金で設備投資ができる。

だが、激しい競争に晒されている日本の企業は、

金利が低いからといって、ほいほいお金を借りて、ほいほい設備投資をするほど軽率ではない。

思慮深い企業ほど設備投資には慎重なので、銀行としては貸したい先はなかなか借りてくれないというジレンマに陥る。

貸したい相手はどこの銀行も同じだから、勢い金利競争になって、銀行は利幅の確保は難しくなっている。

Chapter1のインタビューでご登場いただいた広島市信用組合（通称シシンヨー）は、銀行界全体を見渡しても、利幅が高いことで知られている。

厳しい競争に晒されていながら、金利競争と無縁でいられるのは、「融資の依頼があってから、原則3日でその可否を回答する」方針だから。

それができるのは、わずかなお金でも集金に回り、徹底的に取引先に入り浸ることで、取引先を常日頃ウォッチしているから。

企業、特に中小企業にとって最悪なのは、融資の申込みをしてから回答がくるまで、長い時間引っ張られた挙げ句に断られること。

断るならもっと早く断ってくれれば、他を当たることもできたのに、その時間を奪われるのだから当然だ。

だから、3日で回答してくれるシシンヨーには、他の金融機関よりも高い金利でも抵抗なく払う。

シシンヨーのようなドブ板営業は、1980年代後半くらいまでは都市銀行でも当たり前にやっていた。

だが、バブル崩壊後の不良債権処理でその余裕がなくなり、業務の合理化という名のもとにドブ板営業は非効率の象徴として葬られてしまった。

今となっては、ドブ板営業のやり方を知っている行員もほぼ絶滅しているので、シシンヨーのドブ板営業をマネようと思っても容易ではないだろう。

貸出金利息は貸出元本に金利率を掛け合わせたものだから、ここを増やすには元本を伸ばすか、金利率を上げるか、その両方かだが、どれも難航しているというのが現状だ。

(9)〜(11) 役務取引収益

送金業務や投資信託の窓口販売などで得る手数料。これを稼いでいるのは主に支店のテラー。

(12)～(16) 特定取引収益

市場部のトレーディング部門で稼いでいる収益。

(17)～(22) その他の業務収益

市場部のバンキング部門が稼いでいる収益。このうち（19）国債等債券売却益、（20）国債等債券償還益は、（43）～（45）国債等債券売却損、国債等債券償還損、国債等債券償却とともに、**債券《さいけん》5《ご》勘《かん》定尻《じょうじり》**と呼ぶ。

債券は売却によって利益が出ることも損が出ることもある。新発時ではなく、途中で買った場合は、満期時（償還時）に利益が出ることもあれば損が出ることもある。このほか、価値が減って償却する場合もある。つまり、債券の運用では5種類の損益が発生する。これを債券5勘定尻と呼んでいる。

これに対し、株式の場合は満期の概念がないので、（26）売却益、（51）売却損、それに（52）償却の3種類の損益が発生するので、これを**株式《かぶしき》3《さん》勘《かん》定尻《じょうじり》**と呼んでいる。

(24) 貸倒引当金戻入益

貸倒引当金は、貸倒れに備えて見積額で積んでおくもの。**(49) 貸倒引当金繰入額**という勘定科目で費用計上する。

実際の貸倒額が見積額より少なくすんだ場合に戻す差額が貸倒引当金戻入益。

(25) 償却債権取立益

回収不能だと判断して貸借対照表の貸出金残高から落とした貸出債権を償却債権と呼ぶ。**(50) 貸出金償却**という勘定科目で費用計上する。

償却はあくまで会計上の処理であって、償却後も債権回収努力はしなければならないので、回収できた時に計上する科目がこの償却債権取立益。

経常収益項目と対になっている経常費用

経常費用の項目は、ほぼ経常収益と対になっている。

(30)～(36) 資金調達費用

資金調達、つまりお金を仕入れるために払った利息が、調達手段別にここに固められている。

(34) 社債利息は、銀行自身が発行した社債を買ってくれた人に、銀行が払う利息。

(47) 営業経費は人件費や広告宣伝費、オフィスの賃料、店舗建物が自前ならその償却費など。

(49) 貸倒引当金繰入額

2種類あり、1つは**一般貸倒引当金繰入額**。過去の不良債権発生率から統計的に割り出した貸倒率をもとに、健全な債権も全部ひっくるめた、貸出残高全体の一定割合を、機械的に貸倒引当金として積むもの。

もう1つは**個別貸倒引当金**。信用状態が悪化した特定の貸出先からの回収可能性を吟味し、回収不能分を見積もって積むもの。

ここには一般、個別の合計額が計上される。

実力分析に役立つもう1つの損益計算書

銀行はこれまで見てきた損益計算書以外に、もう1つ別のパターンの損益計算書を作成している。

130ページのものがそれ。銀行が本業で稼いでいる利益である「業務純益」と「コア業務純益」の計算に主眼を置いた、いわば銀行の実力を分析するための、もう1つの損益計算書である。

(61)～(68) 業務粗利益

131ページの損益計算書の収益項目から対応する費用項目を差し引いたもの。

例えば(62)資金利益1226億円は、(2)資金運用収益1477億円から、(30)資金調達費用251億円を差し引いたもの。

(69) 経費と(47)営業経費

経費は営業経費のうち、人件費と物件費、税金を切り出したもの。

ここでいう税金は経費処理できない法人税や住民税ではなく、経費処理できる印紙代など。専門用語で言うところの租税効果である。

銀行は金銭消費貸借契約書や約束手形に印紙を貼るので、大量の印紙を使う。印紙代は**租税効果**という勘定科目で処理する。

要は、営業経費のうち、本業で使う経費を切り出したものが(69)の経費だ。

(73) 実質業務純益(一般貸倒引当金繰入前)

業務粗利益から経費を差し引いたものが実質業務純益。

(76) 業務純益

(73)実質業務純益から(74)一般貸倒引当金繰入額を差し引いたものが業務純益。

(75) コア業務純益

(73)実質業務純益から(74)一般貸倒引当金繰入額は差し引かず、(68)債券関係損益を差し引いたものがコア業務純益。

基本的に有価証券運用に積極的で、債券5勘定尻の稼ぎが大きい銀行は、コア業務純益ではなく業務純益で業績を語る。

これに対し、有価証券運用に消極的で、貸出命の銀行はコア業務純益で業績を語る傾向にある。

貸出しに積極的な銀行は、当然貸出しに消極的な銀行よりもリスクをとっているのだから、不良債権発生率も高くなる。

不良債権発生率が高ければ、一般貸倒引当金の引当額も多くなるので、一般貸倒引当金繰入を考慮しないコア業務純益は都合がいい。

業務純益は有価証券運用益でゲタを履いているといわれれば確かにその通りだ。

全国銀行の不良債権残高と不良債権比率の推移

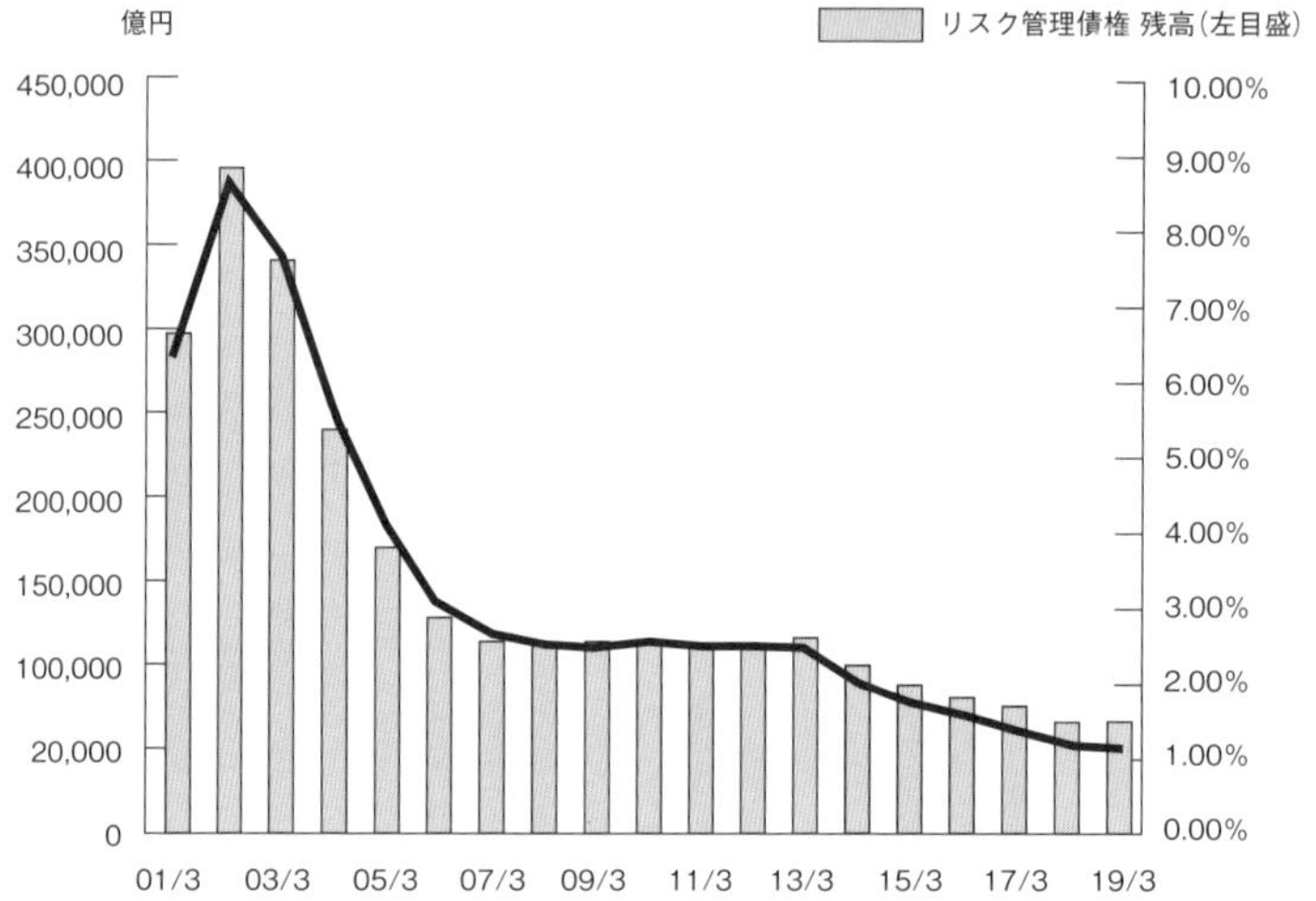

全国銀行協会資料を基に筆者作成

まだまだある重要指標の数々

決算書には出ていないが、銀行の実力を知るうえで重要な指標はまだまだある。

不良債権比率も、決算書には載っていないし、載っている数字をいじくり回しても計算できない。上場銀行なら決算説明資料かディスクロ誌、上場していない金融機関の場合はディスクロ誌を見ないと出てこない。（もっとも上場していない金融機関の場合は決算書もディスクロ誌にしか載らないのだが。）

銀行は貸出債権を5つに分類して管理することを銀行法で義務づけられている。

具体的には、

・正常債権
・貸出条件緩和債権
・3か月以上延滞債権
・延滞債権
・破たん先債権

である。以上5つの分類別に、貸出残高が開示されている。

正常債権とは、利息も元金も契約通り返済されている債権。

貸出条件緩和債権とは、もとは1年で返済する契約になっていたものを2年に延ばすことで、1か月あたりの返済額を減らし、貸出先の資金繰りを若干楽にしてあげているなど、返済条件を緩和してあげている債権。

3か月以上延滞債権は、利息の支払いもしくは元金の返済が3か月以上滞っている債権。

延滞債権は利息の支払いもしくは元金の返済が相当期間滞っている債権。ただし貸出先はまだ破たんしていないものがここに分類される。

最後の破たん先債権は、貸出先が倒産していたり、事業を停止したりしているなど、破たんしてしまっている債権である。

このうち、正常債権以外を**リスク管理債権**と呼び、これが不良債権。この額を貸出残高で割ったものが不良債権比率である。

リスク管理債権のうち、担保や保証でカバーされている割合を示す**保全率**、貸倒引当金が積まれている割合を示す**引当率**なども開示されている。

ややこしいことに、銀行法以外に、金融再生法という法律に基づいて債権を分類することも義務づけられている。

リスク管理債権が銀行法に基づく分類であるのに対し、金融再生法に基づく分類は再生法開示債権という。

具体的には、

- **要管理債権**
- **危険債権**
- **破産更生債権及びこれらに準ずる債権**

に分類する。

定義はリスク管理債権の分類定義とよく似ているが、細かいところが微妙に違う。

リスク管理債権同様、保全率、引当率も開示されている。

リスク管理債権、金融再生法開示債権に債権を分類するため、銀行は**自己査定**をして、債権ではなく取引先を以下の4つに分類している。

・**正常先**
・**要注意先**
・**破たん懸念先**
・**破たん先、実質破たん先**

自己査定、金融再生法開示債権、リスク管理債権の定義の相関図を見ると、各分類はおおむね一致しながらも微妙に違う。

1990年代末から2000年代半ばくらいまでは、不良債権比率は銀行決算の注目ポイントだったが、不良債権処理がヤマを越えて既に十数年。

この銀行の不良債権比率は1・21%。ピーク時には都銀、地銀、第二地銀全体で40兆円弱あった不良債権残高は、現在で6兆5000円強に減っている（152ページグラフ参照）。

今のメディアの関心の対象はもっぱら収益力。最近新聞を賑わせている**総資金利ざや**は、銀行の実力を計る重要な指標だが、決算書からは計算できない。

計算式は**資金運用利回り－資金調達原価率**。

資金運用利回りは、調達している資金全部でどのくらいの利益を上げているか。

資金調達原価率は、調達した資金の調達コスト。つまり預金者に払う金利や、コールローンの金利などだ。

お金をいくらで仕入れていくらで売ったか。一般事業会社の売上総利益の概念に近い。

この銀行の総資金利鞘は0・32%だが、2019年3月期の全国銀行平均は0・11%、地銀平均は0・22%。

不良債権問題に喘いでいた2000年当時は、全国銀行平均は0・25%、地銀平均は0・45%あった。17年間で利ざやは半減している。

金利競争に巻き込まれない知恵を、銀行は問われているのである。

Chapter 5

銀行業界の企業模様

1 三菱ＵＦＪフィナンシャル・グループ（ＭＵＦＧ）

国内最大規模の金融サービスグループ

銀行を核に、信託銀行、証券会社、資産運用会社、クレジットカード会社、消費者金融会社、リース会社など２２２の連結子会社と55の持分法適用関連会社で構成される、国内最大規模の金融サービスグループ。２００１年４月発足。

２０１９年３月期連結経常収益は６兆６９７４億円、連結経常利益は１兆３４８０億円。預金量は１８０兆１７１２億円。グループ従業員総数は11万９３９０名。

グループ連結預金量約１８０兆円のうち１５２兆円、グループ連結経常収益６兆円強のうち３兆５６８２億円が三菱ＵＦＪ銀行単体の実績。単体預金量では国内銀行首位。

この他に米国内の現地法人を束ねる米州ＭＵＦＧホールディングスコーポレーション、タイの大手銀行アユタヤ銀行、インドネシアの大手銀行バンクダナモンが連結子会社。

主要全部門が同業の統合会社

三菱ＵＦＪ銀行は、旧都銀のうち三菱、東京、三和、東海の４行の統合体。

三菱ＵＦＪ信託銀行は旧7大信託銀行のうち三菱、日本、東洋の３信託銀行の統合体。

２０１９年３月末時点の信託財産額は１兆２１１３億円で国内２位だが、１位の三井住友信託銀行の２兆１１３５億円には大きく水を開けられている。

運用部門の中核・三菱ＵＦＪ国際投信は、旧三菱系、旧東銀系、旧山一証券系、旧東洋信託系、旧東海系、旧国際証券系の各運用会社6社の統合体。

このほか、世界各国のファンド管理を請け負うＭＵＦＧインベスターサービスホールディングス、オーストラリアの資産運用会社・ファースト・センティア・インベスターズもＭＵＦＧ傘下。

証券部門は、三菱ＵＦＪ証券ホールディングスが国内外で証券業務を手がける各社を束ねている。

中核会社は三菱ＵＦＪモルガン・スタンレー証券で、旧東京三菱、三菱信託傘下の中小証券4社を統合して誕生した三菱証券と、旧三和系のＵＦＪつばさ証券（中堅・準大手証券4社の統合会社）、野村證券傘下の国際証券、それに世界的金融グループ・モルガン・スタンレー（２０１１年にＭＵＦＧが発行済みの2割を取得）の日本法人であるモルガン・スタンレー日本証券の統合会社。

富裕層向けプライベートバンクビジネスに特化した三菱ＵＦＪモルガン・スタンレーＰＢ証券は、破たんした旧山一証券の受け皿会社だったメリルリンチ日本証券がルーツ。２０１２年にＭＵＦＧが完全子会社化している。

このほか、ネット専業証券として、ＫＤＤＩとの合弁会社であるａｕカブコム証券がある。

クレジットカードの三菱ＵＦＪニコスは三菱系のＤＣカードと三和系のニコスの統合会社。

三菱ＵＦＪリースは三菱系と東海系のリース会社の統合体。消費者金融は業界2位のアコムの株式を創業者から取得、２００８年に子会社化している。

三菱UFJ銀行

単位：億円

	17/3	18/3	19/3
預金	1,391,641	1,454,926	1,528,706
貸出金	813,940	792,132	878,779
預貸率	58.49%	54.44%	57.49%
業務純益	6,669	5,543	3,884
総資金利鞘	0.01%	0.04%	0.09%
自己資本比率	16.70%	16.90%	15.58%

三菱UFJ信託銀行

単位：億円

	17/3	18/3	19/3
預金	163,346	153,071	129,995
貸出金	142,832	145,147	46,436
預貸率	87.44%	94.82%	35.72%
業務純益	1,494	1,621	1,445
総資金利鞘	0.51%	0.55%	0.62%
自己資本比率	20.48%	19.98%	24.25%
信託財産	922,072	1,109,737	1,211,330

2 三井住友フィナンシャルグループ（SMFG）

規模では国内2位、利益では国内トップ

銀行を核に、信託銀行、リース会社、証券会社、資産運用会社、クレジットカード会社、消費者金融会社など、173の連結子会社と115の持分法適用関連会社で構成される、国内2番目の規模の金融サービスグループ。2002年12月発足。

ちなみに、日本語表記では「住友」よりも「三井」が先だが、英文の略称表記ではSMFG、つまり「住友」が先。

2019年3月期連結経常収益は5兆7353億円、連結経常利益は1兆1353億円。預金量は122兆3250億円。グループ従業員総数は8万6659名。

証券、リースに強く弱点は信託

グループ連結預金量約122兆円のうち116兆円、グループ連結経常収益5兆円強のうち2兆858億円が三井住友銀行単体の実績。単体預金量では国内銀行3位だが、単体業務純益では国内首位。

三井住友銀行は旧三井、旧太陽神戸、旧住友の都銀3行の統合体。

旧7大信託銀行の流れを汲む信託銀行がグループ内にない点が、MUFGとの最大の違い。

三井住友信託銀行がSMFGとは別のグループを形成しているため（詳細は後述）、信託部門は2013年に買収したSMBC信託銀行が担っている。

SMBC信託は、世界的金融グループ・JPモル

ガンチェース系のケミカル信託銀行がルーツで、後にソシエテ・ジェネラルに買収され、ソシエテ・ジェネラル信託銀行に改称していたもので、2019年3月末時点の信託財産額は三菱UFJ信託の13分の1、三井住友信託の22分の1。

一方、証券分野はもとは三菱グループだった、4大証券の一角である日興證券を2009年に買収している（現SMBC日興證券）。

リース部門の三井住友ファイナンス&リースは、住銀リース、三井リース、住商リースに、倒産した旧日本リースから事業譲渡を受けたGEフィナンシャルサービスを統合しているので、リース会社としては国内最大規模。

クレジットカード部門の三井住友カードは、旧住友銀行時代の1967年に、アジア初のVISAカード発行会社として発足した住友クレジットカードサービスがルーツ。

信販部門はダイエーオーエムシーカードとセントラルファイナンス、クオークの統合会社であるセディナを2007年に買収。

消費者金融部門は業界3位のプロミスに2004年に出資、2011年に連結子会社化している。

運用部門の三井住友DSアセットマネジメントは大和証券、三井住友海上火災保険、住友生命保険、三井住友信託銀行各社の系列運用会社の統合会社で、SMBCの保有割合は50・1%。

このほかシンクタンク部門として日本総合研究所がある。

三井住友銀行

単位:億円

	17/3	18/3	19/3
預金	1,055,908	1,102,432	1,160,911
貸出金	755,853	738,962	764,018
預貸率	71.58%	67.03%	65.81%
業務純益	8,467	6,172	5,841
総資金利鞘	0.54%	0.44%	0.50%
自己資本比率	18.61%	21.11%	20.28%

SMBC信託銀行

単位:億円

	17/3	18/3	19/3
預金	24,678	25,405	27,328
貸出金	6,100	10,023	13,281
預貸率	24.72%	39.45%	48.60%
業務純益	▲ 156	▲ 62	▲ 21
総資金利鞘	-1.47%	-1.09%	-0.79%
自己資本比率	21.84%	14.32%	12.05%
信託財産	60,132	90,474	93,850

3 みずほフィナンシャルグループ

売上規模は国内3位、預金量は2位

銀行を核に、信託銀行、証券会社、運用会社など117の連結会社と22の持分法適用関連会社で構成される、国内3番目の規模の金融サービスグループ。実質2000年9月発足（現法人とは別の法人格で発足）。

2019年3月期連結経常収益は3兆9256億円、連結経常利益は6141億円。預金量は124兆310億円。グループ従業員総数は5万9132名。

グループ連結預金量約124兆円のうち119兆円、グループ連結経常収益4兆円弱のうち2兆6169億円がみずほ銀行単体の実績。単体預金量では三井住友銀行を上回る国内銀行2位。

旧長信銀も巻き込んだ一大再編

みずほ銀行は旧第一勧業、富士の都銀2行と、長信銀3行の一角だった日本興業銀行の統合会社。

当初は3行の各リテール部門を集約したみずほ銀行と、ホールセール部門を集約したみずほコーポレート銀行に再編されたが、2013年にみずほ銀行に一本化されている。

信託部門のみずほ信託銀行は、2000年10月に第一勧銀、富士、興銀の各銀行の信託子会社を統合して前身となる旧みずほ信託銀行が誕生。

その旧みずほ信託銀行を、旧7大信託銀行のうち、旧富士銀行が所属していた芙蓉グループの安田信託銀行を存続会社として、2003年3月に吸収合併。

合併後の安田信託銀行をみずほ信託銀行に社名変更したのが、現在のみずほ信託銀行である。

信託財産は２０１９年３月末時点で74兆７９４８億円で、三菱ＵＦＪ信託銀の６割、三井住友信託銀の３分の１強の規模。

このほか、生保５社と旧みずほ信託銀が合弁で設立した資産管理専門の資産管理サービス信託銀行があるが、これについては資産管理専門信託銀行の項目で取り上げる。

証券部門の中核会社であるみずほ証券は、準大手証券の新日本、和光、日本勧業角丸に、３銀行の証券子会社３社を統合した会社である。

シンクタンク部門のみずほ総合研究所も、銀行の再編に付随、旧第一勧銀総合研究所と、旧興銀の調査部門の統合会社。

運用部門も同様で、アセットマネジメントＯｎｅは、第一生命と興銀の運用部門の統合会社であるＤＩＡＭアセットマネジメント、みずほ信託銀行の資産運用部門、新光証券の運用部門の統合会社。

他の２メガグループと異なるのは、連結子会社にクレジットカード会社、消費者金融、リース会社がないこと。

クレジットカードのオリエントコーポレーション、リース会社の旧興銀リース（現みずほリース）はいずれも持分法関連会社である。

注目すべきは２０１８年11月設立の、ＬＩＮＥとの合弁で立ち上げる新銀行の設立準備会社。こちらもみずほの出資割合は49％なので、みずほにとっては持分法適用関連会社になっている。

みずほ銀行

単位：億円

	17/3	18/3	19/3
預金	1,077,898	1,104,159	1,194,112
貸出金	712,628	709,977	760,473
預貸率	66.11%	64.30%	63.69%
業務純益	4,086	2,964	2,529
総資金利鞘	-0.09%	-0.13%	-0.13%
自己資本比率	16.53%	18.72%	19.32%

みずほ信託銀行

単位：億円

	17/3	18/3	19/3
預金	33,873	34,065	32,534
貸出金	33,262	34,337	33,551
預貸率	98.20%	100.80%	103.13%
業務純益	404	321	397
総資金利鞘	0.45%	0.49%	0.43%
自己資本比率	19.70%	20.50%	23.75%
信託財産	646,142	660,017	747,948

4 りそなホールディングス

3メガに次ぐ規模の金融持株会社グループ

関東の2行（りそな銀行及び埼玉りそな銀行）と、関西の地銀1行、第二地銀2行を束ねる関西みらいフィナンシャルグループで構成される、金融持株会社。金融持株会社内に金融持株会社を抱える珍しい形態をとる。

3メガが銀行、信託、証券など、金融のフルサービスをワンストップで提供することを目指したグループであるのに対し、りそなは銀行の連合体的性格の金融持株会社である。

グループ内には銀行以外に運用会社のりそなアセットマネジメント、信用保証会社のりそな保証、ファクタリング会社のりそな決済サービス、クレジットカード会社のりそなカード、ベンチャーキャピタルのりそなキャピタル、コンサルティングのりそな総合研究所などがあるが、証券会社はない。信託ももともと大和銀行が自前で手がけていたため、りそな銀行自身が手がけている。

２０１９年3月期連結経常収益は８６０７億円、連結経常利益は２０３０億円。預金量は51兆１０８６億円。グループ従業員総数は1万１６００名。

3メガに次ぐ規模ではあるが、3メガとの差は大きい。

都銀と地銀が地域軸に再編

ルーツは２００1年12月設立の大和銀ホールディングス。大阪を本拠地とする都銀の大和、地銀の近畿大阪銀行、奈良を本拠地とする第二地銀の奈良銀行の3行の統合会社として発足した。

　2002年3月には都銀のあさひ銀行が合流。2002年10月、大和銀ホールディングスからりそなホールディングスに社名を変更。

　2003年3月にあさひと大和が合併、埼玉県内の営業を手がける埼玉りそな銀行と、それ以外の地域の営業を手がけるりそな銀行に再編した。

　2006年1月、奈良銀行はりそな銀行に吸収合併され消滅。持株会社の下にはりそな、埼玉りそな、近畿大阪の3行がぶら下がる形になった。

　あさひ、大和合併後のりそな銀行として初の決算となった2003年3月期決算で、りそなは自己資本比率が国内基準の4％を割り込む過小資本となったことから、預金保険機構から公的資金の資本注入を受け、国有化された。

　資本注入後、りそなはドラスティックなリストラ策を実行したほか、「真のリテールバンク」を標榜し、「中小企業取引」「個人ローン」「金融商品販売」「不動産」「企業年金」を5大ビジネスと位置づけて積極的に展開。15時閉店が常識の銀行界の中で、一部店舗での営業時間延長や積極的な若手、女性の人材登用なども行い、収益力を回復。

　傘下の旧3行が注入を受けた総額1兆1680億円の公的資金は、2015年6月に完済している。

りそな銀行

単位：億円

	17/3	18/3	19/3
預金	249,652	264,732	268,969
貸出金	188,447	193,365	197,882
預貸率	75.48%	73.04%	73.57%
業務純益	1,379	1,335	1,286
総資金利鞘	0.13%	0.13%	0.13%
自己資本比率	10.58%	10.00%	10.31%
信託財産	266,089	272,525	278,529

埼玉りそな銀行

単位：億円

	17/3	18/3	19/3
預金	125,252	131,233	136,014
貸出金	70,956	72,102	73,158
預貸率	56.65%	54.94%	53.79%
業務純益	472	436	378
総資金利鞘	0.22%	0.24%	0.19%
自己資本比率	11.58%	11.37%	12.33%

SMFGと関西フィナンシャルグループ設立

　そんなりそなに、SMFG傘下の第二地銀2行、関西アーバン銀行とみなと銀行との経営統合案が持ち上がる。

関西アーバン銀行は相互銀行から普銀転換し、第二地銀になった旧関西銀行が前身。バブル崩壊後経営が悪化、かねてから親密だった住友銀行が救済し1998年に子会社化した。

その後、破たんした幸福銀行の受け皿銀行である関西さわやか銀行を2004年2月に吸収合併し、預金量は一気に倍増。京葉銀行を抜き、第二地銀2位に躍り出た。

みなと銀行も相互銀行から普銀転換し、第二地銀になった旧阪神銀行が前身。旧神戸銀行と親密だった関係で、三井住友銀行が筆頭株主。

三井住友系で関西を地盤とする2行と、りそな傘下の近畿大阪銀行の計3行を束ねる中間持株会社として、関西みらいフィナンシャルグループをSMFGとりそなの合弁で設立したうえで上場もさせ、近畿大阪と関西アーバンを合併させることになった。

中間持株会社は2017年11月に設立、2018年4月に東証1部市場に上場した。筆頭株主はりそなホールディングスで保有割合は51・1%。第2位株主は三井住友銀行で保有割合は21・27%。

近畿大阪銀行と関西アーバン銀行の合併は2019年4月に行われ、地銀の近畿大阪銀行が存続会社となったので、合併後の関西みらい銀行は地銀となっている。

関西アーバン銀行　単位：億円

	17/3	18/3	19/3
預金	40,418	40,760	40,916
貸出金	38,697	39,590	40,147
預貸率	95.74%	97.13%	98.12%
業務純益	179	200	124
総資金利鞘	0.28%	0.28%	0.21%
自己資本比率	6.25%	6.03%	6.04%

近畿大阪銀行　単位：億円

	17/3	18/3	19/3
預金	32,357	32,500	33,099
貸出金	24,405	24,151	24,569
預貸率	75.42%	74.31%	74.23%
業務純益	57	103	57
総資金利鞘	-0.13%	-0.03%	-0.16%
自己資本比率	10.40%	9.85%	10.17%

みなと銀行　単位：億円

	17/3	18/3	19/3
預金	31,460	32,385	33,140
貸出金	25,122	25,273	26,821
預貸率	79.85%	78.04%	80.93%
業務純益	115	62	65
総資金利鞘	-0.02%	-0.03%	0.06%
自己資本比率	6.81%	6.74%	6.58%

5 三井住友トラスト・ホールディングス

信託財産規模では他を圧倒

銀行同様、三井と住友の統合会社に見えるが、統合の経緯は異なる。

まず、2000年に7大信託銀行の三井信託銀行と中央信託銀行が合併し、中央三井信託銀行が誕生したが、さくら銀行と住友銀行が経営統合した2001年の段階では、銀行の統合の影響は受けていない。三井信託も住友信託も、同根の都市銀行とは従来から距離を置いてきたためだ。

住友信託銀行が中央三井信託銀行と合併し、同時に金融持株会社を設立したのは2012年。

三菱UFJ信託が1位（三菱信託）、5位（東洋信託）、7位（日本信託）の組み合わせだったのに対し、三井住友信託は2位（住友信託）、3位（三井信託）、6位（中央信託）の組み合わせだったためか、2019年3月末時点の信託財産額は211兆3500億円。三菱UFJ信託（121兆1330億円）を圧倒している。

もっとも、住友信託自体に拡大志向がなかったわけではなく、2004年にはUFJ信託銀行（旧東洋信託銀行）との統合が浮上している。

しかし、東洋信託は三和銀行との距離が近く、三和銀行が東京三菱銀行との経営統合に合意したため、白紙に戻っている。

中央三井信託との経営統合のきっかけはリーマンショック。多額の株式評価損が発生し、公的資金の返済に窮したことを機に、住友信託との経営統合が実現した。

信託業務に特化した子会社群で構成

連結経常収益は1兆4679億円、連結経常利益は2564億円。連結子会社数は61、持分法適用関連会社は30社と、3メガに比べ所帯は小さい。

グループ構成はもっぱら信託業務に特化しており、個人の富裕層向けサービスの個人ソリューション部門、法人向けサービスの法人ソリューション部門、証券代行事業部門、不動産事業部門、受託事業部門、その他部門でそれぞれ子会社を抱えている。

個人ソリューション部門では、資産運用、相続、ローン、積立型金融商品や保険商品、不動産関連業務を手がける。

SBI証券との合弁会社である住信SBIネット銀行がネット専業銀行を展開しているほか、三井住友銀行傘下の三井住友カードとは別に、三井住友トラスト・カードがVISAカードやマスターカードを発行。三井住友トラストクラブはダイナースクラブカードの独占発行権を持っている。

法人ソリューション部門では、資産運用管理のほかM&Aアドバイザリー業務、ファイナンススキームのアレンジ業務などを手がける。

パナソニックとの合弁会社である三井住友トラスト・パナソニックファイナンスがリース事業を展開している。同社は住友信託系3社（住信リース、スミセイリース、旧日本リースの再リース部門だった日本機械リース販売）と、パナソニック系2社（松下クレジット、松下リース）の計5社の統合体。

このほか、証券代行の草分けで中央三井信託銀行の子会社だった東京証券代行、日本証券金融系の日本証券代行、旧日興證券系の資産運用会社・日興アセットマネジメント、J-REITの資産運用を手がける三井物産ロジスティクス・パートナーズが同グループ傘下。

三井住友信託銀行

単位：億円

	17/3	18/3	19/3
預金	290,193	293,922	317,441
貸出金	281,589	282,590	294,041
預貸率	97.04%	96.14%	92.63%
業務純益	1,225	1,897	2,314
総資金利鞘	0.46%	0.34%	0.29%
自己資本比率	15.55%	15.20%	14.45%
信託財産	1,884,677	2,016,981	2,113,500

6 資産管理専業3大信託銀行

銀行や銀行と生命保険会社の合弁などで設立された、3大資産管理専門銀行が日本トラスティ・サービス信託銀行、日本マスタートラスト信託銀行、資産管理サービス信託銀行の3行。

年金信託や証券投資信託などで運用している有価証券の管理や、関連する事務を手がける。

上場会社の株主に代わり、株主名簿上の名義人となって、議決権の行使や配当金の受け取りなどを行うカストディ業務を手がけるため、上場会社の上位株主として名を連ねる機会は多く、信託財産額はいずれも巨額。

日本トラスティ・サービスは2000年に大和銀行と住友信託銀行の共同出資で設立され、後に中央三井信託銀行も出資している。

日本マスタートラストは1985年設立のチェースマンハッタン信託銀行を2000年に現社名に変更し、資産管理業務を開始している。筆頭株主は三菱UFJ信託銀行（46・5%）で、日本生命、明治安田生命、農中信託銀行も出資している。

資産管理サービスは2001年設立で出資者は旧みずほ信託と朝日、第一、富国、安田の生保5社。

日本トラスティ・サービス信託銀行は、資産管理サービス信託銀行との共同持株会社・JTCホールディングスが2018年10月に設立されている。

資産管理専業３大信託銀行の信託財産

単位:億円

	17/3	18/3	19/3
日本トラスティ・サービス信託銀行	2,591,189	2,820,744	2,918,985
日本マスタートラスト信託銀行	1,983,040	2,211,940	2,444,923
資産管理サービス信託銀行	1,460,664	1,433,668	1,437,170

7

旧長信銀

未だに公的資金を完済できてない新生銀行

1998年に破たんし、国有化された旧日本長期信用銀行が前身。入札の末、わずか10億円で買収した米国のファンド・リップルウッドは、2004年に新生銀を東証に再上場させ、1000億円以上の利益を得た。一方、投入された公的資金3700億円はリーマンショックで返済シナリオが崩れ、返済メドは立っていない。

新生銀行

単位:億円

	17/3	18/3	19/3
預金	56,189	57,892	56,362
貸出金	45,364	46,379	49,326
預貸率	80.73%	80.11%	87.52%
業務純益	272	275	358
総資金利鞘	0.30%	0.51%	0.52%
自己資本比率	14.71%	14.85%	13.73%

あおぞらは公的資金完済し独立系に回帰

1998年に破たんした日本債券信用銀行がルーツ。入札でソフトバンク等が組成したファンドに売却されたが、後に米国系ファンド・サーベラスに転売され、2006年の東証再上場を経て2012年にサーベラスが保有する全株を売却し関係が解消した。公的資金は3200億円投入されたが、2015年に完済している。

あおぞら銀行

単位:億円

	17/3	18/3	19/3
預金	27,319	28,562	30,687
貸出金	25,383	26,247	27,821
預貸率	92.91%	91.89%	90.66%
業務純益	391	396	405
総資金利鞘	0.16%	0.20%	0.21%
自己資本比率	10.56%	10.25%	10.19%

8 新たな業態の銀行

ネット専業銀行の草分け・ジャパンネット銀行

ネット専業銀行の草分け。2000年9月に当時のさくら銀行、住友銀行、富士通、日本生命、東京電力、NTT東日本などの出資で設立された。現在の筆頭株主はZホールディングス（旧ヤフー）と三井住友銀行で、保有割合は44.25%ずつ。

従来型の銀行に比べ破格に安い送金手数料が武器。経常収益の6割弱は送金関連の手数料収入。

ジャパンネット銀行　単位：億円

	17/3	18/3	19/3
預金	6,847	7,503	8,038
貸出金	620	738	791
預貸率	9.06%	9.84%	9.84%
業務純益	30	19	18
総資金利鞘	1.28%	1.31%	1.46%
自己資本比率	29.45%	28.99%	23.44%

セブン銀行はATMの利用手数料が収益の柱

ATMを自ら設置し運営するには銀行免許が必須だから銀行免許を取得した異色の銀行。開業初年度末の2002年3月末時点で3657台だったATMは、2019年9月末時点で2万5342台に増え、提携先金融機関は9社から614社に増えた。

経常収益の9割強は提携先金融機関から受け取るATM手数料。

セブン銀行　単位：億円

	17/3	18/3	19/3
預金	5,715	6,227	6,797
貸出金	198	237	234
預貸率	3.47%	3.82%	3.45%
業務純益	387	418	422
総資金利鞘	1.81%	2.44%	2.55%
自己資本比率	56.2%	55.5%	51.8%

9

コンコルディア・フィナンシャルグループ

地銀トップの横浜銀行が中核

預金量地銀首位の横浜銀行と、第二地銀中位の東日本銀行の金融持株会社として2016年4月に誕生した。

2019年3月末時点のグループ総預金量は15兆9454億円で地銀トップ。2位のめぶきフィナンシャルグループの14兆3738億円との開きは1・5兆円。

大手地銀の多くが明治期に設立された国立銀行をルーツとするのに対し、横浜銀行の設立は1920年（大正9年）。

第一次世界大戦後の戦後不況下で、破たんした金融機関の預金者支援と整理する目的で設立された、横浜興信銀行が横浜銀行のルーツ。整理回収機構のような組織だったらしい。

年号が昭和に代わって以降は県内の複数の銀行を順次統合。第二次世界大戦下で推し進められた「1県1行主義」も奏功、神奈川県最大の銀行になった。同社HPによれば、創業から1941年（昭和16年）までのわずか21年間に統合した金融機関の数は、統合した金融機関がそれ以前に統合していた数も含めると、延べで31にもなるという。

戦後は京浜工業地帯を営業エリアに抱えていたことが追い風となり、高度成長期に業容を拡大。

1969年に埼玉銀行が都市銀行に転換して以降、地銀トップの座を守り続けている。

2019年3月末時点の店舗総数207のうち、177が神奈川県内。東京都内にも25か所あり、海外にも5か所の拠点を持つ。

銀行単独でも横浜銀行は預金量、業務純益ともに地銀トップ。総資金利鞘もスルガ銀行に次ぐ2位。

一般に地銀上位行の頭取ポストは、旧大蔵省もしくは日本銀行の天下りの指定席となっているケースが多い。

横浜銀行も13代頭取の寺澤辰麿氏まで一貫して大蔵省が独占してきたが、コンコルディア誕生から2か月後の2016年6月、初の生え抜き頭取が誕生している。

他の地銀への統合拡大が前提？

一方東日本銀行は、茨城県水戸市の無尽がルーツで、1951年に設立。1989年に普銀転換し、ときわ相互銀行から現行名になった。

設立翌年に本拠地を東京に移したので、店舗は都内中心。2019年3月末時点の総店舗数は85、うち55店舗が東京都内。東日本銀行の規模は横浜銀行のおよそ10分の1。

一見、横浜銀行側のメリットが薄い統合に見えるが、関東の地銀はグループ化が進み、グループ化されていない有力行は千葉銀行と武蔵野銀行など、ごく一部に限られてきた。

横浜銀行はコンコルディアとしてではなく、横浜銀行として、千葉銀行と2019年夏、パートナーシップを組んだ。コンコルディアは他の地銀によるグループ参加を歓迎する姿勢を鮮明にしており、今後他の金融持株会社との間で、残った独立系地銀の争奪戦を演じる可能性は高い。

横浜銀行

単位：億円

	17/3	18/3	19/3
預金	131,552	137,729	143,209
貸出金	103,153	107,541	111,331
預貸率	78.41%	78.08%	77.74%
業務純益	850	857	691
総資金利鞘	0.46%	0.60%	0.43%
自己資本比率	11.68%	13.42%	14.19%

東日本銀行

単位：億円

	17/3	18/3	19/3
預金	18,495	17,851	16,919
貸出金	17,298	17,609	15,980
預貸率	93.53%	98.64%	94.45%
業務純益	91	88	62
総資金利鞘	0.27%	0.27%	0.19%
自己資本比率	7.52%	7.60%	8.04%

10 めぶきフィナンシャルグループ

北関東にも地銀再編の〝芽吹き〟

預金量地銀5位で茨城県水戸市を本拠地とする常陽銀行と、地銀15位で栃木県宇都宮市を本拠地とする足利銀行の金融持株会社。

コンコルディア・フィナンシャルグループ誕生から半年後の2016年10月に誕生した。

厳密にいえば、足利銀行の持株会社である足利ホールディングスが、2016年10月1日付でめぶきフィナンシャルグループに社名を変更、常陽銀行の株式を100％取得する形をとっているので、会社の設立年月は、足利ホールディングスが設立された2008年4月になる。

常陽銀行は1935年（昭和10年）に土浦市の五十銀行と、水戸市の常磐銀行が経営統合して誕生している。

五十銀行、常磐銀行ともに、もとは国立銀行として設立され、後に民間銀行に転換。統合以前に五十銀行は19行を、常磐銀行は15行を統合しているため、常陽銀行は誕生時点で36の銀行の統合体だったことになる。

横浜銀行同様、設立翌年から始まった1県1行主義で他行との統合が進み、終戦までにさらに4行を統合。地銀有力行としての地盤は終戦前の時点で確立したらしい。

一方足利銀行は明治期の1895年設立だが、国立銀行ではなく当初から民間銀行。1県1行主義下で他行を吸収合併し、栃木県唯一の銀行となった。

バブル崩壊後多額の不良債権を抱え、総額135

０億円の公的資金注入を受けたが、地元自治体の支援で再建を果たし、２００６年2月に完済した。

再編意欲高くさらなる拡大を志向

２０１9年3月末時点のグループ総預金量は14兆３７３８億円。３１００億円差でふくおかフィナンシャルグループを振り切り、地銀2位の座を射止めたが、２０２０年3月末時点では、ふくおかフィナンシャルグループに十八銀行の数字が新たに乗るため、3位に後退することはほぼ間違いない。

もっとも、コンコルディア同様、他の金融機関のグループ入りを想定しており、他行のグループ化次第で2位奪回、もしくは1位昇格の可能性もある。

北関東地区でグループ化されていないのは、地銀の群馬銀行（群馬県前橋市）と筑波銀行（茨城県土浦市）、第二地銀の栃木銀行（栃木県宇都宮市）と東和銀行（群馬県前橋市）の4行。

関東圏全域に対象を広げると、地銀の武蔵野銀行（埼玉県さいたま市）、千葉銀行（千葉県千葉市）、千葉興業銀行（千葉県千葉市）、第二地銀の京葉銀行（千葉県千葉市）なども入ってくる。

北側の隣県・福島県に対象を広げると、東邦銀行（福島県福島市）や第二地銀の大東銀行（福島県郡山市）なども入る。

埼玉県、千葉県の4行はコンコルディアとの争奪戦が予想され、業界地図がめまぐるしく塗り代わる可能性がある。

常陽銀行

単位：億円

	17/3	18/3	19/3
預金	82,403	85,090	87,291
貸出金	59,670	60,635	65,947
預貸率	72.41%	71.26%	75.55%
業務純益	373	344	370
総資金利鞘	0.20%	0.26%	0.34%
自己資本比率	11.23%	11.30%	11.41%

足利銀行

単位：億円

	17/3	18/3	19/3
預金	53,325	55,298	57,092
貸出金	43,484	45,172	46,570
預貸率	81.55%	81.69%	81.57%
業務純益	356	341	396
総資金利鞘	0.38%	0.36%	0.40%
自己資本比率	8.75%	8.27%	8.41%

11 ふくおかフィナンシャルグループ

統合で預金量トップに立ったふくおかFG

2019年3月末時点の預金量は14兆597億円。コンコルディア、めぶきに続く地銀3位。

2007年4月、地銀上位行の福岡銀行と第二地銀中位行の熊本ファミリー銀行（現・熊本銀行）の経営統合のために設立された金融持株会社。

当時預金量が6・7兆円で地銀5位だった福岡銀行は、預金量1・1兆円の熊本ファミリー銀行との経営統合で、静岡銀行を抜き4位に浮上。前年10月に金融持株会社を設立し、自行に肉薄していた山口フィナンシャルグループを突き放した。

半年後の2007年10月には九州親和ホールディングスから親和銀行株式を取得、傘下に加えた。

九州親和ホールディングスは、2002年4月に同じ長崎県佐世保市を本拠地とする地銀の親和銀行と、第二地銀の九州銀行との経営統合のために設立された。だが、2003年4月に親和銀行が九州銀行を吸収して以降は、親和銀行単独の金融持株会社になっていた。

預金量2・1兆円の親和銀行を傘下に加えたことで、ふくおかフィナンシャルグループの預金量は10兆円を突破。横浜銀行を抜き、一気に地銀トップに躍り出て以来、8年にわたって預金量地銀トップを守った。だが、2016年4月にコンコルディアが誕生。同グループにトップの座を明け渡した。

十八銀行の統合に公取が〝待った〟

ふくおかフィナンシャルグループは、コンコルディア誕生の2か月前の同年2月、長崎県を本拠地とする地銀の十八銀行（預金量）と経営統合に向け基本合意。計画通り2017年4月に経営統合が実現しても、コンコルディアの預金残高には届かないものの、差を縮めることは可能になるはずだった。

ところが、公正取引委員会が待ったをかけた。

長崎県内は北部が親和銀行、南部が十八銀行のテリトリーとなっており、十八銀行が統合されると、ふくおかフィナンシャルグループの長崎県内でのシェアが7割を越えるので、公正な競争が阻害される、ゆえに統合は認めないという判断だった。

公取との交渉は難航。総額1000億円の貸出債権を他行に譲渡することで、公取を説得できたのは2018年10月。

この間に常陽銀行と足利銀行が経営統合し、めぶきフィナンシャルグループを設立。地銀2位の座も奪われたが、2019年4月、無事に十八銀行を傘下に加えた。2020年3月末時点では地銀2位に返り咲くことは間違いない。

福岡銀行

単位：億円

	17/3	18/3	19/3
預金	96,413	101,831	104,471
貸出金	89,253	95,120	98,978
預貸率	92.57%	93.41%	94.74%
業務純益	732	604	662
総資金利鞘	0.48%	0.48%	0.49%
自己資本比率	8.43%	8.54%	9.18%

熊本銀行

単位：億円

	17/3	18/3	19/3
預金	14,264	14,240	14,163
貸出金	11,465	13,146	15,344
預貸率	80.38%	92.32%	108.34%
業務純益	43	55	60
総資金利鞘	0.39%	0.41%	0.42%
自己資本比率	9.80%	9.70%	9.62%

親和銀行

単位：億円

	17/3	18/3	19/3
預金	21,681	22,126	22,260
貸出金	14,829	15,507	17,200
預貸率	68.40%	70.08%	77.27%
業務純益	68	74	63
総資金利鞘	0.29%	0.30%	0.28%
自己資本比率	8.80%	9.26%	9.96%

十八銀行

単位：億円

	17/3	18/3	19/3
預金	24,700	25,613	25,509
貸出金	15,252	16,703	18,851
預貸率	61.75%	65.21%	73.90%
業務純益	48	77	68
総資金利鞘	0.13%	0.13%	0.14%
自己資本比率	11.36%	11.32%	11.26%

12 ほくほくフィナンシャルグループ

富山と札幌、地銀初の飛び地統合

２０１９年３月末時点のグループの総預金量は11兆４１０３億円。コンコルディア、めぶき、ふくおかに次ぐ地銀４位の規模である。

富山県富山市に本店を置く北陸銀行と、北海道札幌市に本店を置く北海道銀行が経営統合するために設立した金融持株会社。

法人設立は２００３年９月だが、実際の統合は１年後の２００４年９月。

金融機関の経営統合は、ご近所同士が基本だが、富山と札幌という、地理的に遠く離れた組み合わせの統合となったのは、北陸銀行が地盤の北陸３県（富山県、石川県、福井県）のほか、北海道内に多数の店舗を持っていたから。

北陸銀行は１８７７年（明治10年）創業の銀行で、ルーツは金沢第十二国立銀行。

北陸３県から開拓のために北海道に移住した多くの北陸出身者の支援のため、小樽に支店を開設したのが１８９９年（明治32年）だという。

その後、札幌や函館など道内各所に順次支店網を延ばしたのだそうだ。

北海道内に持つ多数の支店の営業効率を高めたい北陸銀行にとって、地元銀行の北海道銀行はベストパートナーだったといえる。

拓銀破たんで北洋と道内地位が逆転

一方、北海道銀行は戦後生まれの地銀で設立は１

９５１年。１９９７年11月に北海道拓殖銀行が破たんするまでは道内地銀トップの預金量だった。

だが、拓銀の破たんに伴い、拓銀の道内資産の営業譲渡先が、第二地銀の北洋銀行となったことで、北洋に道内トップの座を譲る形になった。

破たん直前期の１９９７年３月末時点の預金残高は拓銀が６・７兆円、北海道銀行は２・９兆円、北洋銀行は１・５兆円。

これが、拓銀の資産譲渡が完了した１９９９年３月期になると、北海道銀は３・３兆円に対し、北洋は４・６兆円。

拓銀に次ぐ規模の地銀をスルーして、第二地銀が譲渡先になったのは、破たん直前に浮上した拓銀との経営統合案を、自らも不良債権処理に苦闘していた北海道銀行が拒絶していたから。

この経緯を鑑みた当時の金融当局が、北海道銀行を譲渡先にしなかったということらしい。

２０１９年３月末時点の預金残高は北洋の８・６兆円に対し、北海道銀は４・７兆円。

北洋が後に札幌銀行を吸収した影響もあるだろうが、この開きはそれだけでは説明がつかない。

拓銀の営業地盤を譲り受けた効果はそれだけ大きかったということだろう。

ちなみに、統合当時、北陸銀行には総額９５０億円、北海道銀行には４５０億円、２行合計で１４００億円の公的資金が注入されていた。

このため、弱者連合などと揶揄もされたが、返済期限よりも1年早い２００９年８月、公的資金を完済している。

北陸銀行

単位:億円

	17/3	18/3	19/3
預金	60,955	63,943	65,204
貸出金	44,676	46,701	47,403
預貸率	73.29%	73.04%	72.70%
業務純益	214	203	250
総資金利鞘	0.23%	0.23%	0.25%
自己資本比率	8.74%	9.02%	8.79%

北海道銀行

単位:億円

	17/3	18/3	19/3
預金	44,797	246,489	47,906
貸出金	33,207	35,192	36,205
預貸率	74.13%	75.70%	75.58%
業務純益	177	66	162
総資金利鞘	0.26%	0.26%	0.31%
自己資本比率	9.34%	9.28%	8.69%

13

山口フィナンシャルグループ

隣県同士の地銀と第二地銀が経営統合

２００６年10月に、山口県を本拠地とする地銀・山口銀行と、広島県を本拠地とする第二地銀・もみじ銀行の持株会社・もみじホールディングスの経営統合によって誕生した金融持株会社。

もみじホールディングスは２００１年９月に広島県を本拠地とする２つの第二地銀・広島総合銀行とせとうち銀行の金融持株会社として誕生しているが、２００４年に両行が合併。もみじ銀行となって以降は、もみじ銀行単独の金融持株会社となっていた。

旧広島総合銀行に注入されていた公的資金は山口フィナンシャルグループ設立と同時に完済。

預金量４兆円強の山口銀行と、預金量２・４兆円のもみじ銀行の経営統合により、山口フィナンシャルグループの預金量は６兆円を越え、預金量ランキングでベストテン圏外にあった山口銀行は、一気に６位に浮上、５位の福岡銀行に肉薄した。

当時は首位の横浜銀行が10兆円弱、２位のほくほくフィナンシャルグループと３位の千葉銀行が約８・４兆円、４位が６・８兆円の静岡銀行、５位が６・７兆円の福岡銀行だった。

福岡銀行は山口フィナンシャルグループ誕生の翌年、ふくおかフィナンシャルグループを設立して第二地銀の熊本銀行を経営統合したため、預金量では再び水を開けられた。

２０１９年３月末時点のグループ連結預金量は８兆８７７８億円。コンコルディア・フィナンシャルグループ（15・９兆円）、めぶきフィナンシャルグループ（14・3兆円）、ふくおかフィナンシャルグループ（14兆円）、ほくほくフィナンシャルグループ（11・2兆円）に次いで5位。

銀行新設し北九州に攻勢

山口フィナンシャルグループはもみじホールディングスの統合以降、他の銀行との統合は実施していないが、北九州攻略を目的に新銀行を設立。

山口銀行の九州内の23支店を切り出して、北九州銀行を２０１１年３月に開業、福岡銀行の牙城切り崩しに挑んだ。

開業初年度末の２０１１年３月末時点で６３７９億円だった北九州銀行の預金量は２０１８年３月期に１兆円を突破。同じく７２３１億円だった貸出金は２０１９年３月末時点で１兆１５９１億円に増えた。

預貸率が１１０％を越える高水準が継続しているのは、北九州銀行を設立する際に、山口銀行から資産と負債を切り出すにあたって、地域単位で切り出したため、切り出した貸出総額が預金残高を大きく上回ったことが原因。開業から8年が経過した今もこの状況に変化はない。

山口銀行

単位：億円

	17/3	18/3	19/3
預金	47,550	48,494	49,352
貸出金	36,202	38,338	40,430
預貸率	76.13%	79.06%	81.92%
業務純益	262	262	239
総資金利鞘	0.23%	0.36%	0.38%
自己資本比率	17.61%	16.34%	16.57%

もみじ銀行

単位：億円

	17/3	18/3	19/3
預金	28,060	28,762	29,156
貸出金	21,110	22,123	22,533
預貸率	75.23%	76.92%	77.28%
業務純益	68	129	89
総資金利鞘	0.15%	0.32%	0.21%
自己資本比率	10.13%	9.86%	10.37%

北九州銀行

単位：億円

	17/3	18/3	19/3
預金	9,203	10,374	10,456
貸出金	10,394	11,322	11,591
預貸率	112.94%	109.14%	110.86%
業務純益	21	36	39
総資金利鞘	0.07%	0.19%	0.24%
自己資本比率	10.95%	11.52%	11.15%

14

地銀・第二地銀単独行

首都圏地銀再編の目玉・千葉銀行

銀行単体で預金量、業務純益ともに地銀2位。預貸率も8割超という高水準。首都圏地銀再編の目玉といわれているのが千葉銀行。

千葉県内には千葉銀行以外に千葉興業銀行と京葉銀行があるが、再編は手つかずの状態だ。

京葉銀行は預金量で第二地銀2位。千葉銀自身が中核銀行となって、千葉県内の銀行を束ねる金融持株会社を立ち上げてもそれなりの規模になる。

2019年夏にはテリトリーが被らない横浜銀行とパートナーシップ契約を結んだ。

コンコルディアとではなく横浜銀行との直接契約である点が様々な憶測をも呼んでいる。

再編空白地区の優良地銀・静岡銀行

今のところ再編空白地区となっているのが中部東海地区。2018年4月に三重県四日市市を本拠地とする地銀中位行の三重銀行と、三重県松坂市を本拠地とする第二地銀中位行の第三銀行の金融持株会社・三十三フィナンシャルグループが誕生しているが、再編が三重県内に留まっているうえ、両行とも規模は小さく、総預金量は3・5兆円たらず。

その空白の中京・東海地区で、中核銀行となりうる優良行が、静岡市を本拠地とする静岡銀行。

預金量、業務純益ともに地銀4位。自己資本比率は14％超という健全銀行だ。バブル期にも不動産融資に踊らず「シブオカ銀行」の異名もとった。

長野の自己資本比率トップバンク・八十二銀行

長野県長野市を本拠地とする優良行が八十二銀行。国立銀行の第八十二銀行とは無関係で、六十三銀行と十九銀行という2つの元国立銀行を統合して誕生した。63と19を合計すると82なので現行名になった。

自己資本比率は実に19・1%。もちろん地銀トップ。総資金利鞘は低下傾向にあるが、12位の預金量で業務純益は7位と健闘している。

スルガ銀行は失った信用を取り戻せるのか

シェアハウス『かぼちゃの馬車』をサブリース付きで購入する投資家向けの融資で、数々の不正が発覚し、信用が地に落ちたスルガ銀行。

いちはやく生体認証対応のICキャッシュカードを導入したり、ネットバンキングを全国展開したりと、積極果敢な姿勢は当局からも高い評価を得ていた。問題発覚前は預金量こそ地銀中位クラスだったが、稼ぐ力はトップクラスだった。

2019年3月期は預金量が前年比で1兆円近く減ったが、同年9月末時点ではほぼ同水準。信用失墜による預金流出は一段落した。損益面では、かぼちゃの馬車関連の引当金計上が一段落し、業務純益は大幅な増益。総資金利鞘は依然として1・2%もの高水準を維持している。2020年3月期もこの水準を維持できるようであれば、スルガ銀行の収益力はホンモノと考えていいだろう。

拓銀破たんで躍進・北洋銀行

北海道拓殖銀行から預金を引き継いだことを機に、一躍道内トップどころか、第二地銀トップの座に就いたのが、北海道札幌市を本拠地とする北洋銀行。

拓銀破たん前は1・5兆円たらずの預金量だったが、拓銀で2・7兆円、札幌銀行の吸収合併で8700億円を取り込んだうえ、コンスタントに成長を持続。20年間で預金量を倍増させ、地銀上位行なみの預金量を誇る。

八十二銀行

単位：億円

	17/3	18/3	19/3
預金	64,019	65,983	67,468
貸出金	49,108	50,876	53,105
預貸率	76.71%	77.10%	78.71%
業務純益	307	302	350
総資金利鞘	0.15%	0.12%	0.12%
自己資本比率	20.03%	19.70%	19.10%

千葉銀行

単位：億円

	17/3	18/3	19/3
預金	115,657	120,170	123,334
貸出金	93,053	98,160	101,368
預貸率	80.46%	81.68%	82.19%
業務純益	609	665	685
総資金利鞘	0.34%	0.30%	0.33%
自己資本比率	13.03%	12.55%	12.04%

スルガ銀行

単位：億円

	17/3	18/3	19/3
預金	41,054	40,896	31,656
貸出金	32,537	32,459	28,988
預貸率	79.25%	79.37%	91.57%
業務純益	636	219	264
総資金利鞘	1.54%	1.68%	1.45%
自己資本比率	11.96%	12.15%	8.80%

静岡銀行

単位：億円

	17/3	18/3	19/3
預金	93,040	95,397	98,777
貸出金	79,552	82,874	85,568
預貸率	85.50%	86.87%	86.63%
業務純益	191	451	528
総資金利鞘	0.26%	0.27%	0.33%
自己資本比率	14.78%	14.35%	14.28%

北洋銀行

単位：億円

	17/3	18/3	19/3
預金	80,940	83,509	86,034
貸出金	61,088	63,093	65,772
預貸率	75.47%	75.55%	76.45%
業務純益	141	101	145
総資金利鞘	-0.01%	0.02%	0.06%
自己資本比率	13.20%	12.97%	12.57%

京葉銀行

単位：億円

	17/3	18/3	19/3
預金	42,388	44,215	45,584
貸出金	32,712	34,543	36,133
預貸率	77.17%	78.13%	79.27%
業務純益	208	180	164
総資金利鞘	0.25%	0.24%	0.23%
自己資本比率	11.23%	10.95%	10.78%

北洋の半分の預金で業純トップの京葉銀行

その北洋の約半分の4・5兆円の預金量ながら、北洋を上回る164億円の業務純益を上げているのが、千葉県千葉市を本拠地とする京葉銀行。

効率的な経営に定評があり、総資金利鞘は0・2％台と高水準。千葉銀行と並び、グループに取り込めれば底上げ効果が大きい銀行である。

15 信用金庫

地銀中堅行並みの規模・京都中央信金

２０１９年3月末時点の預金量、店舗数、役職員数はいずれも信金トップ。預金量４兆６７１０億円は、信金では2位の城南信用金庫に１兆円以上の差をつける断トツ１位。第二地銀2位の京葉銀行を上回り、地銀27位のきらぼし銀行をも上回る。

過去に３つの信用金庫を統合しているため、営業エリアは京都、大阪、滋賀、奈良の2府2県にまたがる。店舗数１２９は2位の岡崎信金の99を大きく上回り、役職員数２５１９人も2位の城南信金の２１３５人を大きく上回る。その分人件費など固定費負担は重く、業務純益では全信金中４位。

不祥事発覚も影響は軽微・西武信用金庫

預金量15位ながら業務純益は2位、預貸率は８割を超える高水準。スルガ銀行同様、積極的な経営姿勢で高い評価を得ていた西武信金も、２０１８年秋に投資用不動産向け融資に関連する不正融資が発覚した。２０１９年4月には反社会的勢力への融資も発覚、金融庁から行政処分を受けた。

もっとも、２０１９年9月末時点の預金残高は前年同期比2％減、業務純益は13％増。依然として優良信金の座は揺らいでいない。

業務純益で信金トップ・大阪厚生信用金庫

預金量27位ながら業務純益トップ。預貸率は4割台という低水準なのに総資金利鞘は0・9％台という高水準。秘訣は3％台半ばという高水準の貸出金利回りと、低水準の人件費や固定費。

異形の信金・高知信用金庫

預貸率は全信金中最低の8・37％、預金量は全国56番目なのに業務純益は全国5位。同じ高知市の高知銀行と同水準だが、預金量と人員はその3分の1。四国財務局ＯＢにして、希代の天才ディーラーの呼び声高い山本正男会長（前理事長）の方針で、稼ぎの柱は有価証券運用という異色の存在。

世界中のプロ投資家が巨額の損失を出したリーマンショック直後の2009年3月期ですら、前期比59億円増の184億円の業務純益を叩き出した実績を持つ。

大阪厚生信用金庫　単位：億円

	17/3	18/3	19/3
預金	10,422	11,441	12,609
貸出金	4,768	5,146	5,423
預貸率	45.75%	44.98%	43.01%
業務純益	116	124	131
総資金利鞘	0.91%	0.89%	0.90%
自己資本比率	9.34%	9.87%	10.62%

京都中央信用金庫　単位：億円

	17/3	18/3	19/3
預金	44,804	45,861	46,710
貸出金	24,669	25,658	26,627
預貸率	55.06%	55.95%	57.00%
業務純益	137	121	96
総資金利鞘	0.17%	0.19%	0.16%
自己資本比率	10.91%	10.95%	10.90%

高知信用金庫　単位：億円

	17/3	18/3	19/3
預金	7,146	7,348	7,516
貸出金	615	623	629
預貸率	8.61%	8.48%	8.37%
業務純益	121	86	80
総資金利鞘	0.35%	0.52%	0.43%
自己資本比率	46.51%	43.68%	43.64%

西武信用金庫　単位：億円

	17/3	18/3	19/3
預金	17,490	19,351	20,416
貸出金	14,470	16,618	16,642
預貸率	82.73%	85.88%	81.51%
業務純益	97	119	124
総資金利鞘	0.41%	0.55%	0.61%
自己資本比率	9.20%	9.31%	9.66%

16 信用組合

融資一筋、リレバンの手本・広島市信用組合

預金量は6000億円強と、信組では上から4番目、信金なら上位3割の水準だが、1%前後の総資金利ざやと8割超の預貸率は全金融機関中トップクラス。経常収益、資金運用収益は16期連続増収、経常利益、当期純利益、コア業務純益は過去最高を更新中。徹底したドブ板営業で顧客に密着、金融庁が推奨するリレーションシップバンキングのお手本とされる。

運用商品の顧客販売は一切せず融資一筋。融資申込みから原則3日で融資の可否を回答するスピードが顧客から支持され、金利競争とは無縁の高収益体質。

２００７年に日本格付研究所から信組初となる格付を取得。現在は上から3番目のシングルAフラット。

預金残高、業純ともにトップ・近畿産業

芸術家、芸能家等の職域信組（用語解説はＣｈａｐｔｅｒ３参照）がルーツ。実質9つの信組の統合体のため、営業区域は大阪、京都、兵庫、滋賀、和歌山、奈良、岐阜、長崎の2府6県と広範囲。破たん信組の受け皿の役割も果たしてきたため、店舗の統廃合が進んでおり、店舗数は預金量に比べ少なく、33と全信組中10番目。

預金量は２０１２年に1兆円を突破、２０１３年3月末時点で茨城県信用組合を抜き、全信組中トップに立ち、以来トップを守り続けている。

低い経費率で業純２位・大阪協栄信組

理美容業者の業域信組がルーツ。６０００億円強の預金残高（信組５位）ながら、業務純益は信組２位。１％超の総資金利鞘は金融界屈指の高水準。

秘訣は小規模事業者への貸出に特化したスキマ金融への人員集中で貸出金利を高水準に保てていること、少人数で業務を回すことによる人件費抑制、それにＡＴＭを設置しないことによる固定費抑制。

預貸率最下位ながら業純71位・土佐信組

10名の渉外担当者が毎日バイクで顧客を回る、徹底した密着営業がウリ。わずか２店舗で扱う３００億円の預金量は、信組の１店舗あたり平均預金量１２６億円の倍。全信組中預金残高は下から27番目だが、業務純益は上から71番目。預貸率はわずか６・78％で収益の柱は有価証券の利息配当金。

近畿産業信用組合

単位：億円

	17/3	18/3	19/3
預金	13,338	13,357	13,429
貸出金	8,105	8,602	9,023
預貸率	60.77%	64.40%	67.19%
業務純益	106	110	110
総資金利鞘	0.39%	0.45%	0.41%
自己資本比率	10.30%	10.44%	10.74%

広島市信用組合

単位：億円

	17/3	18/3	19/3
預金	5,704	6,094	6,454
貸出金	4,900	5,285	5,624
預貸率	85.90%	86.72%	87.14%
業務純益	79	92	97
総資金利鞘	1.11%	1.05%	0.97%
自己資本比率	10.05%	10.09%	10.24%

大阪協栄信用組合

単位：億円

	17/3	18/3	19/3
預金	5,728	6,079	6,344
貸出金	3,397	3,688	3,872
預貸率	59.31%	60.67%	61.03%
業務純益	81	96	107
総資金利鞘	1.09%	1.15%	1.21%
自己資本比率	9.60%	10.26%	10.31%

土佐信用組合

単位：億円

	17/3	18/3	19/3
預金	296	303	307
貸出金	26	24	21
預貸率	8.84%	8.06%	6.78%
業務純益	1.6	1.5	1.3
総資金利鞘	0.28%	0.26%	0.23%
自己資本比率	14.98%	14.98%	14.89%

Chapter 6

銀行業界の就職と待遇

1

採用職種・人数

やっぱり王道の全国型総合職

大卒、大学院卒の募集職種は、大まかにいうと、総合職と一般職に分かれ、総合職の中は銀行によっても異なるし、同じ銀行でも年によっても異なる場合がある。

まずはメガバンク。もっともポピュラーで採用人数も多いのが、全国型の総合職。

全国どころか海外にも支店があるので、全世界どこに異動命令が出るかわからない。

これに対し、仕事の内容は総合職と同じだが、異動命令は特定の地域内に限定される総合職があるのだが、これも異動命令が出る範囲は銀行によってまちまち。

三菱ＵＦＪ銀行は総合職に勤務地区分制度を設けている。１つは国内外どこにでも異動命令が出る全国グローバル区分。もう１つが国内ブロック・本部区分。

国内を東日本、中部、西日本に分け、そのいずれかを選択できる。

このほかに、データサイエンスや数学を学んだ理系の学生を対象にしたコースや、財務・会計・税務に強い学生を対象にしたコース、ＩＴスキルのある学生を対象にしたコースなど、基本的に中途採用で採る人材を、行内で育成するために新卒で採用する年もあるようだ。

三井住友銀行は総合職に４つのコースを設けている。

１つは国内外どこへでも異動命令が出る、保守本流の総合職。

２つめが大学や大学院で数学や統計学を学んだ学生を対象にしたクオンツコース。

国内の営業拠点で一定期間銀行業務を経験した後、数理モデルを使ったマーケット分析などの専門業務に就く。

３つめが大学や大学院でプログラミングや情報処理を学んだ学生を対象にしたデジタライゼーションコース。

このコースも国内の営業拠点で一定期間銀行業務を経験した後、経営管理部門やマーケティング部門など、ビジネスデータを利活用して企画を立案する業務に就く。

そして４つめがリテールコース。個人と中堅以下の規模の法人を対象にした業務に就く。リテールコースはさらに勤務地が全域型と地域型に分かれている。

全域型は、海外勤務はないが、全国どこへでも異動命令が出る。地域型は主に首都圏と近畿圏が勤務地になる。

みずほはグループ３社一括採用

みずほ銀行は採用方法が特殊で、みずほフィナンシャルグループ、みずほ銀行、みずほ信託銀行については、みずほフィナンシャルグループが一括採用を行っている。

もっとも、入社後最初の配属先が、銀行になるのか、信託銀行になるのか、持株会社になるのかが必ずしも希望通りにはならないというだけで、職種の分け方は、三井住友や三菱ＵＦＪとおおむね同じ。

みずほは総合職を基幹職と呼び、基幹職は「総合」と「専門」に分かれている。

「総合」の中も、さらに最初の配属先の部門が決まっている「スタート特定」と、決まっていない「オープン」に分かれている。

「スタート特定」には全部で４つのコースがある。

１つめが大企業や金融、公共法人などを担当し、大企業経営や海外拠点、Ｍ＆Ａアドバイザリー業務などを経験する、グローバルコーポレートファイナンスコース。

２つめが最先端のテクノロジーを駆使したリサーチ業務やリスク管理業務などを経験する、グローバル・マーケッツ&アセットマネジメントコース。

３つめが不動産の証券化や不動産信託業務など、不動産関連の業務を経験する不動産ソリューションコース。

４つめが年金の数理計算業務や年金コンサルティング業務を経験する年金アクチュアリーコース。

基幹職の「専門」は２コースに分かれていて、１つはカスタマーリレーションコース。

もう１つはプランニングスペシャリストコース。

「総合」職の場合は、最初に経験する業務という形をとっているが、「専門」職は最初だけでなく、基本的にその業務に就かせる。

各行とも、データリテラシーがある人材、ITスキルがある人材は、のどから手が出るほど欲しい。

理想は中途採用で即戦力を獲得することだが、欲しい人材は競合が激しいので、そうそう簡単には採れない。そこで将来の戦力を青田買いしておきたい、でも専門スキルを持っている学生には、その業務に就けることを約束しておかなければ振り向いてもらえない。

一昔前では考えられないような、昨今のメガバンクの柔軟な新卒採用方針には、そんなホンネが現れているといっていい。

以上はメガ３行の２０２０年度の採用方針だが、募集職種や方針は年によって変わるので、注意が必要だ。

これに対し、地銀の上位行は、地元以外に主要都市に支店を出しているが、大半は基本的に店舗があるのは地元の都道府県と、東京だけ。

海外に拠点を持っている地銀もあるが、地銀で海外勤務となると、手を挙げて選抜試験を受ける世界である。

したがって、東京勤務にならない限り、居住の異動を伴う異動命令は出ない。

もっとも、東京や地元に近い大都市圏での勤務の可能性があるからか、大半の地銀で地域限定の総合職を置いている。

やっぱり女性が多い一般職

基本的にバックオフィス業務とカウンター業務に就くのが一般職。異動はないとはいっても、転居を伴うような異動がないというだけで、同一地域内での異動は定期的にある。

メガバンクをはじめとする大手行は、カバーしている業務範囲が広いので、一般職が従事している業務範囲も広い。

もっともわかりやすいのは、支店のカウンター業務とバックオフィス業務だ。

銀行の支店に行ってみると、カウンターに座っているのは基本的に女性ばかりだし、カウンターの背後で伝票処理をしている事務方のスタッフも、基本的に女性。男性は管理職か修行中の新人というケースがほとんどだ。

各銀行の採用ページを見ても、一般職の先輩社員インタビューは女性ばかりだ。

カウンター業務のことを、銀行業界ではテラー業務と呼んでいて、カウンターにはハイカウンターとローカウンターがある。

ハイカウンターは振込や公共料金の支払いなど送金業務を受け付ける窓口になっていて、顧客を立たせたまま行員が対応するスタイルになっている。

ハイカウンター業務はかつては一般職の仕事だったが、近年はパートタイマーや契約社員が担当するようになっている。

グループ内に派遣会社を持っている大手行の場合は、パートタイマーはグループ内の派遣会社に登録、そこから派遣される形になっている。

メガバンクなどの大手行や地銀上位行は、人件費削減のため、振込みは基本的にカウンターで受け付けるのではなく、顧客自身がATMを操作して行う方に誘導している。

そのATMも台数を減らしたいので、インターネットバンキングへの誘導を行い、ハイカウンターは縮小の一途を辿っている。

月末になると、銀行のATMで、何十冊もの通帳を持ち込んで、支払いをしたり、記帳して入金を確認したりして、長時間ATMを占領している、企業の経理担当らしい人に出くわすことがあるだろう。

あまりにも大変そうなので、一度、「インターネットバンキングにすれば楽になるでしょう」といってみたことがあるのだが、「私はそうしたいのだが、社長がインターネットバンキングは信用できないの一点張りで」という答えが返ってきた。

中小企業の経営者の中には、こんな時代になっても、インターネットバンキングを信用できないという人が少なからずいるのだ。

一方、顧客を椅子に座らせて対応するのがローカウンター。このローカウンター業務は基本的にパートではなく、正社員である一般職のテリトリー。資産運用や住宅ローン、あるいは相続手続きの相談を受けたり、投資信託などを販売したりする窓口なので、銀行の支店ではかなり重要な〝拠点〟だ。

このほか、メガバンクでは輸出入に必要な信用状のチェックなど、外国為替関連の事務も一般職のテリトリーだ。

いずれにしても、一般職の業務を派遣スタッフやパート、契約社員に任せる傾向は年々強まっているうえ、機械化も進んでいる。

膨大な量の事務の合理化は着実に進んでおり、一般職の採用枠は年々減っている。

ちなみに、みずほは2021年度下期、つまり2021年10月以降に、基幹職（総合職）と特定職（一般職）の統合を計画している。

本稿執筆時点（2019年11月）では、職種統合の時期が、早ければ2021年度下期となっているだけで、正確にいつとは決まっていないため、2021年度も特定職の採用があるのかどうか、決まっていない。

地域限定で働ける職種は廃止する可能性がないので、全国型の総合職ではなく、地域限定型の総合職との統合ということになる可能性が高い。

特定職で採用されても、早ければ半年、遅くとも数年以内に基幹職に統合されるので、そのつもりで受けることをお奨めする。

三井住友銀行が総合職と一般職の統合を予定していることが報道されているが、同行はすでに一般職の募集を廃止している。今後、この流れは他行にも広がっていくことは間違いないだろう。

中途の採用意欲は旺盛

新卒ですら、ITやデータ解析のスキルがある学生を囲い込もうとしているくらいだから、各行とも中途採用にはかなり積極的だ。

新卒はゼネラリストに育て、スペシャリストは中途で即戦力を確保する。

各行のキャリア採用のページを見る限り、必要としているスキルや配属先の部署、手がける業務もかなり明確に指定して採用している。

三井住友銀行のキャリア採用ページは、リテール、ホールセール（法人取引）、国際、市場営業、フィナンシャルソリューション、コーポレートサービス、リスク管理の7つの部門ごとに、手がける業務や必要なスキル、経験、求める人物像などが記載されている。

一時的に採用を止める時期はあっても、高いスペックの人材はいつでも欲しい。専門分野の中途採用の門は、おおむね通年で開いていると考えて間違いない。

大きく減りそうなメガの新卒採用枠

長期化するマイナス金利政策の影響で収益力の低下が避けられない銀行各行にとって、業務の合理化による人件費削減は至上命題だ。

リーマンショック前までは、メガバンクは1行あたり2000人前後採用していたが、リーマンショックを機に採用人数は激減した。

メガ3行の2020年度の推定採用人数については、三菱UFJ銀行が前年比横ばいで950人、三井住友銀行は前年度の660人から1割程度減らして600人、みずほは前年の700人から550人に減らすという予想が人材エージェント会社から出されている。

信託銀行はまだ数百人規模の採用枠を維持しているようだが、これが地銀となると採用人数は1桁下になり、せいぜい数十人規模。

金融機関は地銀だけでなく信金・信組にまで対象を広げれば、数は多いので業界としての採用枠はけっこう大きい。

とはいえ、ケタ違いの採用人数だったメガが採用人数を減らすとなると、門戸は狭まると考えたほうがいいだろう。

採用環境が良好で、多くの同期がいる年次は無能扱いされやすく、入ってからの競争も激しいが、採用人数が少ない年次は大事にされやすいということは歴史が証明している。

採用枠が縮小するこれからのほうが、銀行は狙い目といえる面もある。

片道切符の出向と出世コースの出向

銀行は役所同様、年次ごとに人数の管理が厳格になされている。

このため、上の世代へ行くほど人数減らしのために出向に出されていく。人数減らしのための出向だと、当然銀行には戻れない。

出向先は人事部が探してくれるわけだが、銀行の融資先に引き受けてもらうというのがもっとも多いパターンだ。

もっとも、近年では銀行と融資先の関係はかつてのようにウエットなものではなくなっており、銀行のいうなりに受け入れる融資先は減っている。

池井戸潤さん原作の『下町ロケット』で、佃製作所の金庫番を務める経理部長の殿村直弘は、佃製作所のメインバンク・白水銀行から片道切符で佃製作所に出向に出された人物という設定になっている。

殿村は佃製作所で銀行員時代の知識と経験をいかんなく発揮し、同社になくてはならない存在となっていくわけだが、銀行員ならではの能力を発揮するのは、帝国重工の監査部隊とのやりとりの場面だ。

中小企業が巨大メーカーの下請けになるためには、一定の審査を受けなければならない。

まず問われるのは安定的に製品を製造し、供給できる能力があるかどうか。

安定的に製品を製造するということは、口でいうほどたやすいものではない。1か月に100万個納品せよといわれているのに、10万個作ったところで機械が故障しては供給責任を全うできない。

原材料が手に入らないなど、その会社自身の責任ではないことが原因でも、供給責任は発生する。

さらに、発注する側が下請けに代金を支払う条件の決定権は、基本的に発注者側にある。

納品が済み、検品が済んだ月の月末を起点に、何か月後のいつ、というふうに決まっている。

つまり、下請け業者はモノを作って納めてすぐに代金をもらえるのではなく、数か月先になる。

一方、モノ作りに必要な原材料などの仕入れ代金の支払いは先行して発生するし、現場で働く従業員には毎月給与を支払わなければならない。

このため、資金繰りがちゃんと回るかどうかは、モノを安定的に生産し続けるうえで重要なポイントになる。

帝国重工との取引を開始したい佃製作所に、帝国重工から監査チームが乗り込んできて、揚げ足をとるようにごちゃごちゃといちゃもんをつける。

勢いあまって、数字の根拠もなく「いつつぶれてもおかしくない」といい放ってしまうわけだが、その場面で、殿村が根拠となる数字を挙げ、淡々と、かつ毅然と、佃製作所が世間相場から見ても、いかに財務体質が良好な会社かを語り、監査チームを黙らせてしまうのである。

同じく池井戸潤さん原作のテレビドラマ「半沢直樹」シリーズでは、組織にとって危険人物と認定された半沢直樹は若くして出向に出される場面が出てくるが、あれもおおむね現実に近い。

もっとも、30代くらいまでの出向は、幹部候補生に経験を積ませるための出向であることがほとんど。中央官庁や預金保険機構など、公的な機関に出向枠を持っている銀行の場合は、出向自体が出世コースの一部になっている。

40代になっての出向でも、買収した会社の進駐軍として乗り込んでいく出向もあり、これも出向から戻ればポストが1つ上がっていたりする。

やや例外的ではあるが、新興企業で中堅クラスの人材が不足していると、新興企業から請われる形で、メインバンクが現場の最前線で活躍している人材を提供することもある。

〝銀行員はツブシが効かない〟は本当か

ここ数年、銀行が就活生に人気がなくなってきているのは、銀行の不祥事が明るみに出たり、メディアが地銀の危機を盛んに取り上げたりしていることが影響しているのだろう。

個人的には作家・池井戸潤さんの作品の影響で、銀行員のイメージが低下している影響もあるのではないかと思ってはいるが、一番大きいのは、金融庁が地銀の再編を強く促している、ということを、毎日のように日経新聞が書き立てている点にあると思っている。

せっかく入った銀行が、別の銀行に吸収合併されたら人事上ひどい扱いを受けるのではないかと考えるのは当然だ。

残念ながら、今後一定数の負け組の銀行が統廃合の対象になっていくことは間違いない。

だが、これからの時代は実力がモノをいう。自分を高く買ってくれる職場を求め、転職を繰り返す人も珍しくなくなった。

転職の中身が問われることはあっても、転職の回数がハンディになる時代ではなくなった。

入った銀行が消滅しても、そこで働く行員まで消滅するわけではない。必要とされる人材には必ず買い手がつく。

人気がなくなっているからといって、入りやすくなっているかといえば、そうとはいえない。採用担当者が、目をつぶって必要な頭数をそろえる時代はとうに過ぎ去っている。

大手の銀行の採用基準をクリアしている人材は、それだけでアドバンテージがある――。20年ほど前までは間違いなく、銀行員は世間からそういう評価を受けていた。

今もその神通力が通用するかといえば必ずしもそうとはいえないが、銀行員の仕事は、大学を出たての若者が、百戦錬磨の経営者たちとサシで向き合う仕事であることに違いはない。

当然、若いうちから「経営」とはなんたるかを体で覚える。

いわばマクロの視点を入行直後から叩き込まれる仕事である。

銀行員に必要なものの見方は、製品1個あたりのコストを円単位どころか銭、毛の単位で日々追求しているメーカーの開発担当者と対極にある。

銀行員はツブシが効かないという人がいるが、他の業種の出身者と比較すると、圧倒的にツブシは効く。

お金は会社を動かす血液だ。倒産は、約束した期日にお金が払えないからこそ起こる。たとえ黒字でも、資金繰りに失敗すれば会社は倒産する。

一般事業会社に就職した場合、資金繰りに関する実務は、経営企画部や経理部にでも所属しない限り、経営幹部に近いところまで出世しないと経験できない。

ツブシの効く、効かないは個人差の問題であって、会社経営の根幹たる金回りの知識と実務経験は、全ての業種で必要とされる。

要は、世の中で迷惑がられている銀行員は、新たな環境への適応能力や、知識や経験を応用する能力に欠けるなど、能力のない銀行員にすぎないのであって、銀行員だから使えないのではない。

勝ち残る銀行には勝ち残る銀行の、負ける銀行には負ける銀行で身につくスキルがある。

加えて、人脈はどんな環境に置いても必ず後々財産になる。

会社自体が隆盛を極めても、必要とされなくなっては元も子もない。会社自体は消滅しても、必要とされる人にはどこからでもオファーは来る。

ビジネスマンとしての商品価値を磨くうえで、銀行は極めて有効な環境であることは間違いないと申し上げておきたい。

銀行業界の仕事入
銀行業界最新事情
銀行業界地図
銀行の業務
銀行業界の企業模様
銀行業界の就職と待遇

2 初任給と平均給与

銀行の初任給は世間並みよりちょっと上

まずは次ページの一覧（大卒・大学院卒の初任給）をご覧いただきたい。

厚生労働省が毎年発表している、賃金構造基本統計調査委によると、2018年4月入社の金融・保険業界の大卒男子初任給の平均値は21万800円である。

全業種平均が21万100円なので、わずかに全業種平均より高い。

大学院卒男子は24万3400円と、全業種平均の23万9900円を3500円ほど上回っている。

これに対し女子は、大卒で19万9400円、大学院卒で23万4000円。

全業種平均は大卒で20万2600円、大学院卒で23万4200円なので、大学院卒はほぼ全業種平均なみだが、大卒は全業種平均を下回っている。

男女で比較すると、やはり男子は女子よりも高い。

同じ職種で男女で初任給の水準が違うということは基本的にないので、全国型の総合職よりも給与水準が低い地域限定型の総合職や、一般職において女子比率が高いということが原因になっている可能性がある。

大学院卒の水準が、全業種平均の大学院卒よりも高いのは、エリート層を採用しているからだろう。

保健会社はアクチュアリーと呼ばれる、保健の設計に不可欠な、数理計算を担当する人材を採用していて、この人たちはいわばスーパーエリート層。

当然高い給与を提示しないと採用できない人たち

大卒・大学院卒の初任給

年度	金融・保険						全業種平均					
	男		女		計		男		女		計	
	大卒	大学院卒	大卒	大学院卒	大卒	大学院卒	大卒	大学院卒	大卒		大卒	大学院卒
2003	189.2	−	177.3	−	183.4	−	201.3	−	192.5	−	198.1	−
2004	190.9	−	178.3	−	185.0	−	198.3	−	189.5	−	195.0	−
2005	187.7	223.5	177.6	232.3	182.6	225.4	196.7	221.0	189.3	216.6	193.9	220.4
2006	192.0	220.6	179.4	248.3	185.0	223.9	199.8	224.6	190.8	226.0	196.3	224.8
2007	190.9	228.9	180.3	225.0	185.1	228.4	198.8	224.6	191.4	226.7	195.8	225.0
2008	196.1	215.9	185.4	223.7	190.6	217.2	201.3	226.2	194.6	223.6	198.7	225.9
2009	196.0	224.9	186.1	238.3	190.5	226.8	201.4	228.6	194.9	227.1	198.8	228.4
2010	193.6	212.5	184.1	208.7	188.6	211.9	200.3	224.5	193.5	221.2	197.4	224.0
2011	198.3	226.2	190.3	214.3	194.2	223.3	205.0	233.9	197.9	237.3	202.0	234.5
2012	196.6	226.8	189.6	210.3	193.0	224.6	201.8	225.6	196.5	228.4	199.6	226.1
2013	198.4	223.0	188.4	216.5	193.3	221.4	200.2	227.7	195.1	230.0	198.0	228.1
2014	203.0	226.0	190.5	222.6	196.1	225.1	202.9	227.7	197.2	230.7	200.4	228.3
2015	206.0	231.3	197.5	231.4	201.2	231.3	204.5	228.5	198.8	228.5	202.0	228.5
2016	208.3	234.4	198.0	232.1	202.7	233.5	205.9	231.7	200.0	229.7	203.4	231.4
2017	210.1	228.3	201.8	233.2	205.4	229.5	207.8	233.6	204.1	232.4	206.1	233.4
2018	210.8	243.4	199.4	234.0	204.6	241.5	210.1	239.9	202.6	234.2	206.7	238.7

厚生労働省平成30年賃金構造基本統計調査。単位千円。金額は月額。

だが、この人たちは大学院卒の水準を引き上げるほどの人数はいない。

むしろ、近年銀行が積極的に採用している、専門性の高い人材が大学院卒の水準を引き上げていると考えたほうがいいのかもしれない。

もう1点、時系列で考えた場合、初任給の水準は男女、大卒、院卒いずれもこの16年間で上昇している。

リーマンショック前の好況時に上昇していたり、リーマン後から震災前後にかけて下落したりと、若干のでこぼこはあるが、16年前と比較すればちゃんと上昇している。

この統計は、銀行以外に信金や信組、保険、それにノンバンクも含んだ統計になっている。

とはいえ、採用キャパという点では、絶対数が多い銀行と信金信組が採用枠も圧倒的に多く、全体への影響は大きいと考えていい。

もっとも、地銀、信金、信組の給与水準は、本拠地の地域の物価水準に影響を受けるので、あまり細かい捉え方をしても意味がない。

	年齢層	平均年齢	勤続年数	賃金等		
				年間	所定内給与	賞与等
女／銀行	20～24	23.7	1.4	2,908.3	208.1	411.1
	25～29	26.9	4.4	3,816.6	239.2	946.2
	30～34	32.5	9.6	4,639.0	285.2	1,216.6
	35～39	37.2	12.8	5,155.6	319.8	1,318.0
	40～44	42.2	15.1	5,484.2	340.8	1,394.6
	45～49	47.8	15.5	5,600.2	344.0	1,472.2
	50～54	52.3	23.4	6,934.5	421.0	1,882.5
	55～59	57.2	17.6	4,690.5	306.4	1,013.7
	60～64	63.4	11.4	2,400.3	184.9	181.5
	65～69	－	－	－	－	－
	70～	－	－	－	－	－
	平均	30.9	7.2	4,128.8	263.4	968.0
女／協同組織金融機関	20～24	23.5	1.3	2,900.1	208.2	401.7
	25～29	27.2	5.0	3,813.9	236.8	972.3
	30～34	32.3	9.6	4,141.7	257.6	1,050.5
	35～39	37.3	14.2	4,654.7	284.3	1,243.1
	40～44	42.2	17.5	4,654.4	295.8	1,104.8
	45～49	47.2	16.7	5,325.3	339.2	1,254.9
	50～54	52.0	25.2	7,291.9	438.3	2,032.3
	55～59	56.0	14.7	4,188.7	288.0	732.7
	60～64	61.7	4.9	2,843.5	188.0	587.5
	65～69	65.5	8.5	2,347.2	195.6	0.0
	70～	－	－	－	－	－
	平均	30.0	6.9	3,810.6	245.8	861.0
女／全産業平均	20～24	23.7	1.3	3,044.6	223.8	359.0
	25～29	27.3	3.7	3,711.1	247.5	741.1
	30～34	32.4	6.8	4,167.8	274.7	871.4
	35～39	37.4	9.2	4,560.9	301.1	947.7
	40～44	42.4	11.3	5,064.8	332.3	1,077.2
	45～49	47.4	13.4	5,474.7	355.7	1,206.3
	50～54	52.3	15.4	6,061.2	391.6	1,362.0
	55～59	57.3	17.1	5,856.8	382.3	1,269.2
	60～64	62.1	16.9	5,172.0	345.0	1,032.0
	65～69	67.1	15.2	5,091.0	347.9	916.2
	70～	73.9	16.6	5,489.8	401.5	671.8
	平均	35.8	7.7	4,353.5	290.1	872.3

厚生労働省平成30年賃金構造基本統計調査より作成。単位は年齢が歳、金額は千円。所定内給与額は月あたり。年間金額は所定内給与額の12と賞与等の合計で算出。

金融業界の大学・大学院卒の年齢別平均賃金

	年齢層	平均年齢	勤続年数	賃金等		
				年間	所定内給与	賞与等
男／銀行	20～24	23.7	1.3	2,950.2	217.4	341.4
	25～29	27.4	4.6	4,297.4	270.3	1,053.8
	30～34	32.6	9.3	6,296.2	376.0	1,784.2
	35～39	37.2	13.4	7,823.1	460.8	2,293.5
	40～44	42.7	18.3	9,413.6	554.5	2,759.6
	45～49	47.7	23.9	10,742.3	631.3	3,166.7
	50～54	52.3	27.9	11,082.8	642.3	3,375.2
	55～59	57.2	30.6	7,849.4	485.1	2,028.2
	60～64	62.6	21.4	4,018.6	274.7	722.2
	65～69	66.6	22.7	2,970.7	215.6	383.5
	70～	―	―	―	―	―
	平均	40.5	16.2	7,669.6	459.9	2,150.8
男／協同組織金融機関	20～24	23.7	1.4	3,043.8	218.2	425.4
	25～29	27.4	4.8	4,054.7	252.6	1,023.5
	30～34	32.4	9.6	5,049.8	308.9	1,343.0
	35～39	37.4	13.9	6,461.8	388.6	1,798.6
	40～44	42.6	19.0	7,179.7	436.3	1,944.1
	45～49	47.4	24.0	8,042.9	485.1	2,221.7
	50～54	52.4	28.3	8,252.2	499.1	2,263.0
	55～59	57.4	33.0	7,446.6	464.2	1,876.2
	60～64	62.1	27.8	4,437.3	306.2	762.9
	65～69	66.2	23.2	3,902.9	272.4	634.1
	70～	77.4	16.1	3,485.3	241.9	582.5
	平均	40.7	16.7	5,981.9	370.4	1,537.1
男／全産業平均	20～24	23.7	1.3	3,105.4	230.0	345.4
	25～29	27.5	3.6	4,010.3	263.8	844.7
	30～34	32.5	7.1	5,008.8	321.1	1,155.6
	35～39	37.5	10.2	5,882.7	373.9	1,395.9
	40～44	42.5	13.8	6,773.2	426.4	1,656.4
	45～49	47.5	18.1	7,849.5	486.1	2,016.3
	50～54	52.4	22.2	8,693.4	535.1	2,272.2
	55～59	57.4	24.0	8,329.0	522.8	2,055.4
	60～64	62.3	19.6	5,596.7	378.4	1,055.9
	65～69	67.1	14.5	5,171.9	374.9	673.1
	70～	73.2	16.9	5,898.4	447.9	523.6
	平均	42.4	13.3	6,290.9	400.5	1,484.9

かつて銀行は高級取りの象徴のようにいわれ、初任給も高水準と考えられていた分、近年は大きく給与水準が下がっているというイメージを持たれがちだが、実際のところは下がってもいないし、おおむね世間並みよりもちょっといい、くらいの捉え方をしてもらったほうがいいだろう。

各年代ともに男女格差は歴然

それでは入行後の給与水準はどうなっていくのだろうか。

200ページ〜201ページの大学・大学院卒の年齢別平均賃金の一覧は、厚生労働省の賃金構造基本統計調査から作成したものだ。

同じ厚労省の賃金構造基本統計調査でも、初任給の業種のくくりはずいぶんざっくりだったが、こちらは大卒と大学院卒はひとくくりになっているが、男女、銀行と協同組織金融機関（信金、信組、労金、農協）で分けて統計をとってくれている。

これを見ると、男女格差、銀行と協同組織金融機関の格差はいずれも歴然としている。

例えば銀行。20〜24歳でもわずかながら差があるが、25〜29歳の年間平均給与は男子が429万7400円であるのに対し、同年代の女子は381万6600円。早くもこれだけの差がついている。

40〜44歳になると、年間平均給与は男子が941万3600円であるのに対し、同年代の女子は548万4200円。

この傾向は協同組織金融機関においても変わらない。25〜29歳では男子は405万4700円だが、女子は381万3900円。

40〜44歳では男子は717万9700円だが、女子は465万4400円。

これだけの差がつく原因は、主に女子が就いている職種が総合職ではなく一般職だからだろう。

もっとも、一般職の採用人数は縮小の一途。一般職が廃止され、女子も総合職中心になると、この格差は徐々に縮小していくのかもしれない。

全業種平均比では高水準

一方、全業種平均と比較すると、差が開き始める35~39歳では、男子は銀行は3割ほど、協同組織金融機関も1割ほど高い。

一方女子は、銀行は1割強ほど高いが、協同組織金融機関は若干高いだけでおおむね同水準。

面白いのは、ピークアウトする年代だ。銀行男子は50~54歳がピークで、55~59歳で落ち始め、60~64歳で大きく落ちている。

協同組織男子も同様で、50~54歳がピークで55~59歳で落ち始め、60~64歳で大きく落ちている。

全業種平均もピークは50~54歳だが、55~59歳での落ち方が銀行や協同組織金融機関ほど著しくはない。

さらに、全業種平均は60歳以降でもさほど大きくは落ちず、銀行や協同組織金融機関を上回っている。女子についてもおおむね同様の傾向が見られる。

定年後、退職金と年金で生活費をまかなえれば働かずにすむし、まかなえないなら働く。この統計は、銀行員がそれなりにまとまった退職金を手にしていることを表しているのではないかと思う。

大手行は高水準、地銀間にも格差

全体像が掴めたところで、次は銀行ごとの水準を見てみたい。

銀行はその大半が株式市場に上場しているので、有価証券報告書の提出義務を負っている。

有価証券報告書には、従業員数と従業員の平均勤続年数、それに平均年齢と平均給与が掲載されている。

204ページから205ページの一覧は、直近の有価証券報告書から平均年齢、平均勤続年数、平均給与、従業員数をひろって集計したものだ。

この欄に記載するのは、上場している会社本体の数字なので、持株会社化されてしまうと、持株会社に籍を置いている人の人数や平均値になってしまい、銀行自身の平均値ではなくなってしまう。

持株会社に籍を置いている人は、基本的に若い世

銀行名	平均年齢	平均勤続年数	平均給与	従業員数
清水銀行	39.2	15.8	6,205	914
百五銀行	40.3	15.2	6,852	2,377
富山銀行	41.5	17.5	5,286	314
北國銀行	41.1	17.4	6,457	1,787
福井銀行	39.3	15.2	5,513	1,375
滋賀銀行	37.6	14.9	6,682	2,006
京都銀行	36.6	12.5	6,572	3,423
但馬銀行	37.4	13.4	4,866	648
南都銀行	38.4	16.0	6,283	2,428
紀陽銀行	37.9	14.8	5,485	2,233
鳥取銀行	37.3	14.6	4,865	696
山陰合同銀行	40.2	17.3	6,514	1,907
中国銀行	38.1	15.7	6,474	2,884
広島銀行	39.7	16.2	6,572	3,164
阿波銀行	41.2	18.3	6,943	1,267
百十四銀行	39.4	16.6	6,203	2,092
伊予銀行	37.2	14.3	6,690	2,798
四国銀行	38.7	14.1	6,180	1,324
筑邦銀行	37.5	15.2	5,297	548
佐賀銀行	40.1	17.7	5,454	1,385
大分銀行	37.5	15.4	6,027	1,644
宮崎銀行	38.2	15.1	6,018	1,421
琉球銀行	40.1	17.2	5,777	1,400
沖縄銀行	37.9	14.5	5,492	1,100
北洋銀行	41.2	16.8	6,563	2,869
北日本銀行	39.2	16.7	5,061	873
福島銀行	41.3	17.2	4,695	504
大東銀行	39.3	16.8	4,624	515
栃木銀行	38.5	16.0	5,887	1,604
東和銀行	39.3	16.0	5,528	1,469
京葉銀行	38.0	15.9	6,307	1,959
東京スター銀行	41.8	8.4	9,266	1,665
神奈川銀行	37.6	14.5	5,343	368
大光銀行	41.3	16.7	5,658	864
長野銀行	38.6	15.0	5,728	667
静岡中央銀行	37.4	13.7	5,391	459
愛知銀行	40.8	18.0	6,139	1,554
名古屋銀行	40.9	17.8	6,284	1,783
中京銀行	39.5	16.4	5,867	1,123
富山第一銀行	39.1	16.4	5,726	720
福邦銀行	38.8	16.4	4,628	455
島根銀行	38.1	15.4	4,483	354
トマト銀行	39.5	16.9	5,243	804
西京銀行	37.8	14.3	5,388	707
愛媛銀行	37.7	15.1	5,998	1,371
高知銀行	40.6	17.7	5,278	825
福岡中央銀行	40.5	17.8	5,860	474
佐賀共栄銀行	39.4	15.8	5,111	289
豊和銀行	38.2	15.0	4,597	516
宮崎太陽銀行	37.7	15.1	4,951	617
南日本銀行	38.5	15.5	5,807	660
沖縄海邦銀行	38.0	15.0	4,977	731

出所：各行2019年3月期有価証券報告書。平均年齢は単位歳。平均勤続年数は単位年。平均給与は単位千円で年間額。賞与、基準外手当含む。従業員数は単位人。

有価証券報告書提出銀行の平均年齢、平均勤続年数、平均給与、従業員数

銀行名	平均年齢	平均勤続年数	平均給与	従業員数
みずほフィナンシャルグループ	41.1	16.9	9,111	1,664
みずほ銀行	37.7	13.8	7,372	29,991
みずほ信託銀行	38.6	14.8	8,478	3,478
三井住友フィナンシャルグループ	39.3	15.0	11,551	909
三井住友銀行	36.7	13.5	8,203	28,482
三菱ＵＦＪフィナンシャル・グループ	42.1	16.8	10,675	2,394
三菱ＵＦＪ銀行	38.1	14.6	7,715	33,524
三菱ＵＦＪ信託銀行	42.8	16.6	8,444	6,457
りそなホールディングス	45.9	18.6	8,917	1,002
りそな銀行	39.8	16.0	6,582	9,001
三井住友トラスト・ホールディングス	50.1	23.2	13,037	146
三井住友信託銀行	42.4	13.4	7,198	13,469
フィデアホールディングス	47.7	23.3	6,505	85
じもとホールディングス	59.8	20.4	10,541	2
めぶきフィナンシャルグループ	48.0	23.0	10,718	15
常陽銀行	39.3	16.5	6,995	3,320
東京きらぼしフィナンシャルグループ	44.9	21.7	10,198	10
コンコルディア・フィナンシャルグループ	47.4	21.6	10,803	86
ほくほくフィナンシャルグループ	47.5	23.0	9,142	12
池田泉州ホールディングス	54.6	31.9	8,900	5
山口フィナンシャルグループ	41.8	16.9	6,806	798
トモニホールディングス	52.3	30.1	8,463	20
ふくおかフィナンシャルグループ	47.1	24.2	8,005	35
福岡銀行	37.5	14.2	6,667	3,718
西日本フィナンシャルホールディングス	43.8	20.7	9,607	16
西日本シティ銀行	40.6	15.3	6,437	3,470
九州フィナンシャルグループ	47.0	19.8	10,294	42
ソニーフィナンシャルホールディングス	45.0	3.6	8,863	82
日本郵政株式会社	43.9	17.3	7,805	2,106
ゆうちょ銀行	42.8	19.2	6,699	12,800
あおぞら銀行	42.8	14.4	8,037	1,878
新生銀行	42.0	11.0	7,677	2,248
セブン銀行	42.9	7.4	6,788	460
青森銀行	40.9	18.4	6,187	1,278
みちのく銀行	40.4	15.8	5,775	1,331
岩手銀行	38.4	15.5	6,544	1,429
東北銀行	39.5	15.7	5,065	585
七十七銀行	38.5	15.4	6,972	2,727
秋田銀行	39.0	16.5	6,318	1,381
山形銀行	39.8	17.0	6,367	1,213
東邦銀行	40.0	16.5	6,189	1,961
筑波銀行	41.2	18.7	5,700	1,524
群馬銀行	40.4	17.1	7,094	2,995
武蔵野銀行	40.1	16.2	6,176	2,118
千葉銀行	38.6	15.5	7,290	3,960
千葉興業銀行	37.8	14.3	5,999	1,310
山梨中央銀行	38.0	14.8	6,352	1,669
八十二銀行	41.5	15.3	6,721	3,129
大垣共立銀行	36.3	13.4	6,135	2,900
十六銀行	39.5	16.6	6,566	2,480
静岡銀行	38.4	16.3	7,461	2,697
スルガ銀行	42.4	18.5	7,292	1,495

代ではなく管理職級。平均年齢も高いので給与水準も高くなってしまう。

また、持株会社化すると、それまで上場していた銀行が上場廃止になる一方で、持株会社が上場されるので、銀行自身は有価証券報告書の提出義務がなくなってしまう。

このため、この一覧は2019年3月期の有価証券報告書を開示した銀行のみを集計したものになっている。

具体的には、東京きらぼし傘下のきらぼし銀行（旧東京都民銀行、八千代銀行、新銀行東京）、コンコルディア傘下の横浜銀行や東日本銀行、第四北越傘下の第四銀行や北越銀行などが抜けている。

それでも傾向は読み取れるので、業界研究の参考にしてみてほしい。

当たり前だが大手行は給与水準が高い。だが、地銀の優良行の中には、メガバンクよりも給与水準が高いところがあるのも見逃さないでいただきたいところだ。

3

勤務時間・休日・休暇制度・福利厚生

シャッターが開く前にスタンバイ、外食は不可

銀行の始業時間は8時半が基本だ。遅いところでも8時45分。

店舗は9時にシャッターを開けなければならない。シャッターが開いた時点で、顧客対応の最前線であるテラーは、手許に釣り銭用の現金を用意するなど、準備万端整えて、席についていなければならない。

したがって、逆算すると、遅くとも8時半には出勤していなければ、9時の開店に間に合わない。

一昔前までは銀行員は定時は8時半でも、どんなに遅くても8時、基本は7時半出勤が常識だった。

最近は働き方改革で残業時間だけでなく、出勤時間も厳しく管理されるようになったので、8時前にはセキュリティの関係で支店内に入れなくしている場合もあるなど、若干事情は変わっている。

昼休みは一般事業会社と同じで1時間。店舗はずっと開いているので、交代制だ。

ちなみに、銀行は支店の大きさにかかわらず、基本的に全ての支店に食堂がついている。

経費削減のために、一部の支店で食堂を閉鎖する銀行も出てはいるが、いずれにしても、行員は原則外食禁止。支店内で食事をとることが義務づけられている。

何しろ、銀行員は、支店周辺の世間に顔も名前も晒している。

外食を許すと、行員のささいな会話が外部の人に聞かれる可能性が出てくるわけで、守秘義務違反を問われたり、誘拐の対象にもなりうるなど、思わぬ

結果を引き起こしかねないというのが理由である。

年末は30日まで出勤

シャッターが15時に閉まっても、事務方の仕事はそこからが勝負。

代表的なのは伝票と現金の照合。現金と伝票が合わなければいつまでも帰れない、というシーンはドラマでもお馴染みだろう。

現金と伝票の照合以外にも、銀行には配当金の領収書、税金、公共料金の納付書、手形、小切手など、ありとあらゆる書類が持ち込まれる。

そういった各種書類の処理も営業時間終了後の業務。このほか、支店の手許に残す分以外の現金を本店に送る作業も営業時間終了後の業務。

外回りの営業マンの時間軸は、店舗の営業時間とは必ずしもリンクしていないが、集金業務を営業マンが行っている銀行では、現金や手形、小切手を締める時間にいったん帰店する必要がある。

ちなみに、銀行の営業時間は、銀行法で9時から15時までとなってはいるが、必要なら伸ばせる規定になっていて、会社帰りのサラリーマンが、住宅ローンの相談に来られるよう、19時まで開けている銀行・支店もある。

年次有給休暇は世間並み。初年度が12～15日前後、最高で20日が基本。

銀行の休日は銀行法で決まっており、土曜、日曜、祝日、それに年末年始は12月31日から1月3日まで。

年末は官公庁は29日から休みだし、一般の事業会社でも、小売りや外食など、人が休みの日が稼ぎ時の業態を除けば、大体官公庁に合わせている。

だが、銀行は30日まで営業しているし、30日は1年のうちでも最も多忙を極める営業日。支店勤務の場合は30日は休めない。

有給休暇は交代制で取れるので、年末年始の期間でも本部系の部署の場合は比較的融通が利くようだ。勤続年数が長い社員に長期休暇を与える制度などは一般事業会社と変わらない。

ところで、地銀や信金、信組の場合、休みの日に地域の活動に参加している行員・職員は非常に多い。

銀行や信金・信組が地域のイベントに協賛しているような場合は業務として扱われるが、日常的な活動の場合は、参加を強制しているわけではないので、業務として扱われることは基本的にない。

したがって休日出勤手当も出ない。積極的に参加している人は、あくまでプライベートで参加し、活動を楽しんでいるのであって、そこで培った人脈が、たまたま仕事に結びつくことがあるというだけだ。

最近導入が増えてきているのが、年に1度、1週間から10日前後の休暇取得を義務化する制度だ。

外資系の金融機関では昔から導入されていた制度で、目的は行員の福利厚生ではなく、不正を働いている行員をあぶりだすため。

長期で休ませると、不在時にかかってきた電話などから不正が発覚しやすくなるのだ。

福利厚生は各種保険、年金、従業員持株制度、住宅資金貸付制度などはきちんと完備されており、一般事業会社よりも高水準というのが平均的な姿だ。

転勤も2～4年サイクルで非常に回数が多い分、社宅も充実しているし、社宅がない場所でも賃料補助の制度は充実している。

4 研修制度

階層ごとに制度は充実

入行直後の導入研修に始まり、どこの銀行も階層ごとに充実した研修制度を持っている。

必要となる知識は多く、制度や法律が変わった場合はもちろんのこと、事務が合理化されたり、システムが更新されたりしても現場のオペレーションは変わるので、その都度、アップデートしていく必要がある。

本部が用意する研修以外に、実はけっこう重要な役割を果たしているのが、支店単位で随時実施している勉強会レベルのもの。

失敗や不正の手口を共有することで、不正の発生を未然に防いだり、再発防止に役立てることもあるし、他の銀行やゆうちょなど、店舗近隣のライバルが新サービスを出したり、どこそこの地域にこんなセールストークでローラー作戦をかけているといった情報も、みんなで勉強会の場に持ち寄って対抗策を立てる。

銀行の規模にもよるが、国内もしくは海外の大学院への留学制度を持っている銀行も少なからずある。当然選抜方式になるので、留学を希望するのなら、日々の業務をこなしながら、行内選抜を突破する勉強も必要になる。

必須の銀行業務検定

書店の資格本コーナーでよく見かける銀行業務検定本。銀行業務検定は、その名の通り、銀行業務検定協会という組織が実施している資格試験だ。

この試験制度は、「銀行法務21」や、「金融・商事判例」など、金融関連の法律の専門雑誌を発行している、経済法令研究会という出版社が、創業10周年記念事業として立ち上げた事業。

銀行検定協会は試験実施機関として、経済法令研究会が作った任意団体である。

第1回の試験実施は1968年2月だから、50年以上の歴史を有する。年間の受験者数はおよそ29万人。2年前に累計受験者数が1000万人を突破した。

日商簿記が1級~4級まで全部合わせて年間27万人なので、それを上回る人数が受験しているのは、金融機関の社員はほぼ受験が義務づけられているせいだろう。

全国160か所で受験が可能で、毎年3月、6月、10月と、年に3回実施しており、年間の受験チャンス回数は科目によって異なる。

銀行、保険、証券など、金融機関の職員を対象に、業務の遂行に必要な実務知識や技能、応用力の習得程度を測定する試験で、金融機関に勤務していなくても、誰でも受けられる。

現在、法務、財務、税務、外国為替、金融経済、証券、信託実務、後法人融資渉外、個人融資渉外、窓口セールス、年金アドバイザー、相続アドバイザー、事業承継アドバイザー、営業店管理、融資管理、デリバティブ、投資信託、保険販売、金融リスクマネジメント、経営支援アドバイザー、預かり資産アドバイザー、金融商品取引、相続アドバイザー、事業承継アドバイザー、事業性評価など、23系統36種目の試験が実施されている。

各種目にはそれぞれ4級、3級、2級といった階層があり、4級、3級は新人~若手が対象だが、2級は役職者や専門担当者が対象。

銀行業務に直接関係のない科目は任意だが、法務、融資管理、財務、税務、外国為替、投資信託あたりは必須である。

受験料は1科目あたり4級が3300円、3級が4400円、2級が6600円。決して安くはないが、入行後なら銀行が負担してくれる。

かなり実務に寄った試験なので、一般の人が受験可能とはいっても受ける意味はほぼない。

学生時代に取得しておいても銀行への就職が有利になるわけでもないので、入行後の研修スケジュールに合わせて取得したほうがいい。

学生時代に取得しておきたい簿記、宅建

銀行業務検定は入行後に勉強、受験すればいいが、学生時代にぜひ取得しておいてほしいのが日商簿記と宅建だ。

銀行員は決算書を読めなければ話にならない。決算書は複式簿記で作成されているから、複式簿記を理解していない銀行員は銀行員ではない。

日商簿記の検定は1級～4級まであるが、1級と2級の難易度の差は著しく、1級は公認会計士を目指す人向け。決算書を読むという実務に必要な知識は2級で十分だ。

2級までの簿記検定は、商業高校の学生がまる暗記で受かる試験というイメージが強いせいか、ナメてかかる人が少なからずいるのだが、そんな生やさしい試験ではない。

試験自体は理屈を理解できているかどうかよりも、手が動くかどうかに主眼を置いているので、受かるためには一定程度の練習、つまり時間が必要になる。

だからこそ学生のうちに制覇しておいてほしいのだが、ここで強調しておきたいのは、決してまる暗記と訓練だけで合格したりはしないでほしいという点だ。

複式簿記は取引の2面性に着目した記帳法で、人類最高の発明だという学者もいるほど。

3級レベルでも理屈の理解でつまずく部分が出てくるので、そこを暗記でスルーしてしまうと、複式簿記の真の力に気づくことができない。

2級ではなおのこと、理屈の理解でつまずく部分がよりたくさん出てくるので、そこは残らずクリアしてほしい。

とはいえ、理屈の理解でつまずいたところを自力で解決しようとすると、意外に難航するはずだ。

ほとんどの人が暗記で受かってしまうので、理屈

を聞かれると答えられないのである。

今から30年ほど前になるが、筆者は会社帰りに簿記専門学校の講座を受講して簿記2級に合格しているのだが、勉強開始からほどなくして理屈の理解でつまずいた。当然のように簿記学校の講師に聞いてみたのだが、その講師は筆者の疑問に答えることができなかった。

「あまり難しく考えず、こういうものだと思ってください」がその講師の答えだったのだ。

その後どうやって解決したのかよく憶えていないのだが、誰かに教えてもらった記憶はないので、手を動かしているうちに、何かの拍子にひらめいたのかもしれない。

周囲に答えられる人がいない場合どうするかだが、もしも通っている大学に会計学の先生がいるのであれば、思い切って訪ねてみるのも1つの方法だ。

大学の先生には、学生から質問されることに飢えている人がけっこういる。

2級まで制覇できればたいていの粉飾決算は見破れるようになる。

複式簿記は、どこかでごまかすと必ずどこかに綻びが現れる、とんでもないスグレものだということを、時間がある学生のうちにぜひとも知ってほしいと思う。

宅建の民法で学べる「法律」の基本

一方、不動産会社でもないのになぜ宅建かというと、宅建は民法と宅建業法で構成されていて、法律の基本を学ぶのに、宅建ほど手頃なものはないからだ。

銀行業務は多数の法律知識を必要とする。不良債権の回収や、抵当にとった不動産のトラブル解決に訴訟を使うことは日常的だし、融資先が破産や民事再生、会社更生など法的な手段を使って債務整理手続きに入ることもほぼ日常。

このほか、融資先が身を置く業界の規制法にも通じていなければならないし、融資先が取引先と結んでいる契約条項も理解していなければ融資はできない。

その法律の世界は科学の世界とは大きく考え方が異なる、独特な世界だ。

法律を作り、使っている人たちの頭の使い方は、科学系の人たちの頭の使い方とかなり違うのだ。

とある弁護士の言葉を借りると、「数学は点の積み上げ。点と点を結んで積み上げていくと結論を導き出せるが、法律はそれぞれに異なる場所に模様がついている大きな薄紙を、無数に積み上げて、最後に上から俯瞰するようなもの」なのだとか。

おそらく、ありとあらゆる可能性を濃淡も含めて網羅的に把握してはじめて、人と人との利害を調整する法律を作り上げることができる、という意味なのだろう。

民法を学ぶと、人と人との利害調整を、法がどういう視点、どういう優先順位で図ろうとしているのかが何となくわかる。

何かを学ぶうえで、手っ取り早く効果を得ようとする場合、資格試験の受験は有効な手段だが、法学部所属ではない学生が、法律を資格試験を使って学ぼうとすると、手頃なレベルのものは宅建くらいしかない。

司法試験はもちろんのこと、司法書士試験も難易度が高すぎるのだ。

とはいっても、宅建も侮ってはいけない。「宅建なんて1週間も勉強すれば受かる」などとうそぶく人をたまに見かけるが、そんなに甘い試験ではない。

宅建はマークシート方式の択一試験なので、いわゆる試験が得意な人が、過去問のまる暗記で受かってしまう試験であることは否定しない。

だが、民法を勉強することで、法律なるものを学ぼうとするのであれば、そういう勉強の仕方をして受かっても意味がない。

日商簿記は6月と11月の年2回、宅建は年1回、10月に試験が実施されている。

簿記と宅建の勉強は頭の使い方が違うので、できれば6月に簿記2級、10月に宅建を制覇するパターンをお奨めする。

【著者紹介】
伊藤 歩（いとう・あゆみ）

金融ジャーナリスト。

1962年神奈川県生まれ。横浜国立大学教育学部卒業。ノンバンク、外資系銀行など複数の企業で融資、不良債権の回収、金融商品の販売などを経験。主要執筆分野は法律と会計だが、球団経営の視点からプロ野球の記事も執筆している。

近著に『ドケチな広島、クレバーな日ハム、どこまでも特殊な巨人 球団経営がわかればプロ野球がわかる』（星海社新書）。

銀行業界大研究[新版]

初版 1刷発行●2020年 3月 1日

著 者
伊藤 歩

発行者
薗部 良徳

発行所
㈱産学社
〒101-0061 東京都千代田区神田三崎町2-20-7 水道橋西口会館
Tel.03（6272）9313　Fax.03（3515）3660
http://sangakusha.jp/

印刷所
㈱ティーケー出版印刷

ISBN 978-4-7825- 3542-4　C0036